노경수 테마 수필집

엄마를 키우는 아이들

엄마를 키우는 아이들

초판 1쇄 찍은 날 | 2007년 6월 11일
초판 1쇄 펴낸 날 | 2007년 6월 18일

지은이 | 노경수
펴낸이 | 서경석
편집장 | 오태철
본문 편집 및 디자인 | 정은경
펴낸곳 | 도서출판 청어람
등록번호 | 제1081-1-89호
등록일자 | 1999. 5. 31
어람번호 | 제3-047호
주소 | 경기도 부천시 원미구 심곡1동 350-1 남성B/D 3F (우) 420-011
전화 | 032-656-4452 팩스 | 032-656-4453
http://www.chungeoram.com
E-mail:eoram99@chollian.net

ⓒ 노경수, 2007

ISBN 978-89-251-0737-0 (03040)

노경수 테마 수필집

엄마를 **키우는**

아이들

노경수 지음

도서출판 **청어람**

여성에게 용기를 주는 글

노경수 테마수필 『엄마를 키우는 아이들』은 동화작가이며, 교수인 노경수 선생이 살아온 감동 이야기를 한 권의 책에 엮은 것이다.

많은 사람들이 노경수 선생을 '억척의 여성'으로 불러 왔다. 힘든 일을 밀어붙이는 데에 남다른 용단과 끈기가 있기 때문이었다.

그의 이런 생활 태도가 주위 사람들에게까지 용기를 준다고들 했다. 노경수 같은 사람이 있기 때문에 한국 여성이 세계 어디에 나가서도 많은 메달을 거두어 오는 것이라고들 했다.

그러므로 노경수의 수기를 곁들인 테마수필집 『엄마를 키우는 아이들』은 많은 사람의 세상살이에 영향을 주리라는 기대를 갖게 한다.

노경수 선생의 살아온 길을 살펴보면 투쟁의 연속이었다. 그는 과거 시골, 넉넉지 못한 가정에서 태어난 사람들이 그랬듯 여자 상업학교를 나와 회사원으로 사회생활을 출발했다.

시집살이, 쪼들리던 새살림, 투병의 경력, 자녀 기르기, 작가에의 도전, 마흔 넘은 나이에 만학의 대학 입학, 박사 과정 수료에 이르기까지 여러 어려운 고비를 넘어, 오늘은 대학 강단에 서게 되었다.

노경수 선생은 이러한 자기 경험을 글로 적으면서 어머니로서 어린이 사랑을 강조한다. 그가 아동문학과 독서교육과 육아법을 글 속에 강조한 것은 모두 자녀 교육과 어린이 사랑에 그 뜻이 모여 있다. 이 점이 교육자와 어머니들에게 관심의 대상이 될 것이다.

노경수의 글이 많은 사람에게 공감이 되는 것은 저자 노경수가 특수한 사람이 아닌 데에 있을 것이다.

내가 처음 노경수 선생을 만난 것은 한우리 독서문화운동 본부에서 차린 창작반에서였다. 그는 무엇에나 열성이 있었고 이것이 동화 부문 데뷔로 이어졌다. 그 뒤 부군의 직장을 따라 충남 서산으로 거처를 옮겼고, 다시 수년 뒤 노 선생을 단국대 대학원 강의실에서 만났다.

서산에서 서울 한남동까지 250리 길을 버스로 통학하고 있다는 것이었다. 그런데 강의실 출석이 늘 일등이었다. 한번은 교통

사고를 당했는데 병원에서 대어 주는 목받이를 두르고도 강의만은 빠뜨리지 않는 열성이었다.

세상에는 좋은 조건을 갖춘 집안에 태어난 사람이 있다. 이런 특수한 사람은 그다지 힘들이지 않고 목표를 이룰 수 있다. 그러나 이런 사람의 생활은 감동을 주지 못한다.

놀라운 재능을 가지고 태어나 재주를 뽐내는 사람 역시 그 생활에서 감동을 주지 못한다. 보통 사람들이 '나는 저 사람의 자리에는 처음부터 이를 수 없게 되어 있었구나.' 하는 거리감을 느끼기 때문이다.

노경수 선생은 보통 사람이다. 노경수의 모두는 노력의 결과에서 얻어진 것이므로 힘들기는 하지만 누구나 이룰 수 있는 일이다. 그러므로 노경수 선생의 글은 많은 사람에게 용기를 줄 것이다. 힘든 일을 앞에 두고 망설이는 사람에게 이 책을 권하고 싶다. 그들은 '나도 하면 되겠군.' 하는 용기를 얻어 마침내 그 일을 성취하게 될 것이기 때문이다.

잘못 태어났음을 탓하며 주저앉아 있는 이에게도 권하고 싶다.

나도 하면 된다는 용기를 갖게 하여 그를 일어서게 할 것이며, 자기 몫의 일을 찾게 할 것이기 때문이다.

이 책은 이럴까 저럴까 망설이는 사람에게도 용기가 될 것이다. 남의 탓을 하는 사람에게도 용기가 될 것이다. 세상을 비관만 하는 이에게도 용기를 줄 것이다. 모든 사람에게 나도 하면 된다는 자신감을 심게 할 것이다.

이들 모든 사람의 결심에 촉진제가 될 것이다. 노경수 테마 수필 『엄마를 키우는 아이들』의 소득은 클 것이다.

아동문학가
신현득

지난겨울 이집트 사막에 다녀왔다. 어린왕자에게 사랑의 의미를 알려 준 여우가 아직도 사막에 있었고 사랑하는 장미를 책임지기 위해 자기 행성으로 돌아간 어린왕자도 하늘에서 반짝이고 있었다. 백사막 한가운데 친 캠프에서 하루를 묵고 나올 때는 모래바람이 불기 시작하였는데 바람은 모래 능선과 10㎝ 정도의 간격을 두고 넘어가고 있었다. 그 모양은 마치 꼬리를 물고 이동하는 어떤 영혼들의 행렬 같았다. 어쩌면 그것이 바람의 실체였는지도 모른다.

그때 나의 머릿속에 떠오르는 것들이 있었다. 그것 역시도 내 눈앞에서 바람을 타고 능선을 넘는 모래처럼 꼬리를 물고 이어지기 시작하였다. 사막에서 나오는 동안 내내 모래바람 때문에 앞은 보이지 않았으나 나의 머릿속에서 이어지는 것들은 선명하고 또렷해져 갔다. 그때의 흥분과 전율이 아직도 느껴진다. 사막을 다 빠져나왔을 때는 언제 모래바람이 불었냐는 듯이 카이로의 하늘에 쌍무지개가 떠 있었다.

이집트에서 돌아와 곧바로 집필한 것이 『엄마를 키우는 아이들』이다. 그렇다고 이 책의 내용이 사막에서 떠올랐던 실체는 아니다. 다만 이것을 먼저 해야만 그것을 할 수 있을 것 같아서 먼저 집필하였다.

그동안 좋은 엄마가 되고 싶어 98학번으로 대학교에 입학하여 꼬박 10년을 공부하였다. 공부하고 보니 좋은 엄마가 될 수 있을 것 같았다. 아이를 잘 키울 수 있을 것 같았다. 그런데 내 아이들은 내가 공부하느라고 동동거리는 시간을 기다려 주지 않고 훌쩍커 버렸다. 자식이 효도하고자 하나 어버이가 기다려 주지 않는다는 말처럼 어미가 사랑으로 잘 키우고자 하나 아이들 역시도 기다려 주지 않았다.

아이를 키울 수 있게 해 달라고 간청하던 시간이 있었다. 그러고는 허락된 시간을 몰라서 성급하게 굴었다. 나름대로는 잘 키운답시고 한 행동들이 아이들을 아이들답게 하지 못하고 애어른이 되게 한 것이다. 아이들은 그런 엄마 때문에 자기주장도 못하고 참기만 하면서 어른 흉내를 내며 자라야 했다.

나로 인하여 억압과 스트레스를 받으며 자랐을 아이들 유진이와 현중이에게 참회하는 마음으로 이 책을 세상에 내어 놓는다. 세상의 어머니들이 나처럼 아이를 억압하지 않기를 바라는 마음으로 이 책을 세상에 내어 놓는다. 세상의 아이들이 타고난 재능을 마음껏 발휘하며 밝고 행복하게 자랄 수 있기를 바라는 간절한 마음으로 이 책을 세상에 내어 놓는다.

아이 다섯을 낳아 고아원에 보낸 장 자크 루소가 최고의 교육서 『에밀』을 세상에 내어 놓은 심정을 알 것도 같고 내게 생을 허락하신 하나님의 의도도 이제는 알 것 같다.

공부하는 동안 아내 노릇 역시 제대로 하지 못한 미안한 마음을 남편에게 전하며 이집트에서 내 이야기에 귀를 기울여 주셨던 도서출판 청어람의 서경석 사장님께 감사의 말씀을 드린다.
그리고 이 책이 세상에 나오기까지 애써 주신 청어람의 정은경
대리님과 관계된 여러분께도 감사의 말씀을 드린다.

2007. 5월에

노경수 드림

◆ 차례

Story **1**

'다름'의 거리

'다름' 의 거리

'수술 잘되면 한 5년 정도 살 수 있으니 염려 말라' 는 것이다.
5년······ 5년······ 우리 아이가 17개월인데 5년이면 7살 정도까지밖에
키울 수 없다는 말인가.

큰아이가 17개월이었던 어느 월요일 아침, 나는
일어날 수가 없었다. 아픈 데는 없는데 걸을 수가 없다. 남편의
아침 식사를 준비하지 못하여 우유 한 잔을 내밀었다. 좀 더 자고
나면 괜찮아질까, 남편이 출근하고 난 뒤 나는 잠자는 아이 옆에
누워서 두벌잠을 청했다.

3교시부터 수업이 있다는 남동생이 학교 갈 시간, 다시 아침밥
을 해 주려고 일어났는데 또 걸을 수가 없다. 왜 이럴까. 가슴이
답답하여 몇 발짝도 옮길 수가 없었다. 당시 대학에 다니느라 기
숙사에 있던 남동생이 주말이라고 우리 집에 왔다가 월요일 아침
학교로 가는 날이었다. 동생은 걱정스러웠던지 늦게 가겠다면서

어린 조카를 보고 있을 테니 나보고 병원에 다녀오라고 한다.

아무래도 그래야 할 것 같아 집을 나섰다. 집 앞에서 택시를 기다리는데 서 있을 수가 없어 은행나무 가로수를 등받이 삼아 갓길에 앉았다. 병원에는 월요일이라 환자들이 많았다. 순서를 기다리는데 이제는 앉아 있기조차 버거웠다. 할 수 없이 소파에 누웠다. 아픈 데가 있으면 응급실로 가련만 아프지는 않고 기운만 없었다.

내 순서가 되었을 때 나는 간신히 진찰실로 들어갔다. 그러고는 쓰러지다시피 의사 앞에 앉았다. 의사는 간호사가 잰 혈압을 보더니 아래 눈까풀을 제쳐 확인하고는 급하게 나를 응급실로 보냈다. 혈액형이 무엇이냐고 재차 확인까지 한 의사는 내게 수혈을 지시했다. 그날 나는 응급실에 누워 네 봉지의 피를 수혈 받았다.

위에서 출혈이 심하다는 것이다. 3일 전부터 속이 메슥거리면서 설사를 했는데 그것이 출혈이었다고 한다. 이틀 동안 화장실을 드나들면서 서너 번의 설사를 하였는데, 변이 새까맣게 나와서 이상하다 여기긴 했지만 그게 다 출혈이었다니, 그 많은 양이 다 피였다니, 아찔한 순간이었다.

응급실에서 수혈을 받으면서 코를 통해 얼음물을 주입하여 지혈을 했다. 그런 다음 곧바로 입원실로 옮겨 2주일간 안정을 취하면서 이런저런 치료와 검사를 한 뒤 퇴원을 하였다. 다시 일주일 후 조직검사 한 결과가 나왔는데 위에 궤양이 심하다고 수술을 하는 게 좋겠다고 한다. 맹장 수술 정도로만 생각하라더니 보호자를 오라고 하였다.

집에 돌아왔을 때 언니에게서 전화가 왔다. 병원에서 한 이야기를 전했더니 언니가 남편에게 전화를 했던 모양이다. 두어 시간 지났을 무렵 남편이 들어왔는데 얼굴이 하얗게 질려 있었다. 큰 병원으로 가자고 한다. 조직검사 결과가 '위암'이라는 것이다. 내 나이 스물아홉의 일이었다.

원자력병원에 갔다가 두 달 후로 예약되는 것을 보고 처음 진단을 내렸던 재동의 한국병원으로 돌아왔다. 빨리 수술을 받는 것이 좋겠다는 생각도 있었지만 그보다는 원자력병원에서 본 수많은 암환자들의 모습이 싫었다. 머리에 모자를 쓴 사람들, 민머리로 다니면서 벤치에 앉아 햇볕을 쬐고 있는 사람들, 그 속에 있는 내 모습을 나는 상상할 수가 없었다.

다시 입원 절차를 밟는데 절망에 빠진 나를 보고 간호사가 위로의 말을 한다. '수술 잘되면 한 5년 정도 살 수 있으니 염려 말라'는 것이다. 5년…… 5년…… 우리 아이가 17개월인데 5년이면 7살 정도까지밖에 키울 수 없다는 말인가. 그것도 수술이 잘되면…… 그건 위로가 아니라 예리한 칼날로 내 가슴을 후벼 파는 세상에서 가장 잔혹한 말이었다.

왜 이런 일이 생기는 것일까. 지나간 시간들이 밀려왔다. 시부모님과 시누이 동생 하나. 세 식구가 있는 집에 외며느리로 들어간 나는 겁도 없이 3년의 시간을 예상하고 남편 없는 시집살이를 시작했다. 약혼을 하고 군에 간 남편은 나를 둘러싸고 있는 바깥세상을 불안해 하였고 나는 외로웠다. 그래서 결혼하여 집안일을 배우면서 하고 싶었던 여러 가지의 것들을 배우러 학원에 다닐 생각이었다.

두메산골에서 나고 자란 나는 시내에 있는 중학교에 진학하면서 고등학교를 마칠 때까지 집을 나와 언니, 동생들과 자취 생활을 해 왔다. 여상을 졸업한 후 취직을 위해 서울로 갔을 때는 혼자서 자취 생활을 해야 했다. 스물일곱 살에 결혼하기까지 13년 동안 부모님 곁을 떠나 객지 생활을 한 셈이다. 그 객지 생활이 주는 고독, 형제들과 어울려 살던 때에는 외로움이 무엇인지 몰랐다. 시골에서 부모님과 함께 살 때는 하루라도 빨리 아버지 곁을 떠나고도 싶었다. 독선적이고 엄하기만 한 아버지가 싫었다. 그런데 막상 혼자가 되고 보니 아무도 나를 간섭하지 않는다는, 무한정의 자유가 감당하기 힘들었다. 누군가에게 간섭받고 싶었다. 간섭이 때로는 힘들지라도 나만 잘하면 될 테니까 시집살이 정도는 아무것도 아니라고 생각했다. 500여 명이 근무하는 중소기업체에서 상사도 모셔 보았고 여직원회 회장도 지냈다. 퇴근

후 자투리 시간에는 틈나는 대로 무엇인가를 배우러 학원에도 다녔다. 등공예, 동양매듭, 꽃꽂이 등 나름대로는 세상살이 재미도 있었고 자신도 있었다. 큰 조직에서도 잘해 냈는데 사랑하는 사람의 부모님 정도야 충분히 모실 수 있다고 생각하였다.

입대한 지 1년 쯤 된 남편은 2주일의 휴가를 받고 나와서 결혼 일자를 앞뒤로 일주일씩 머물다 군대로 돌아갔다. 결혼 준비는 당연히 그의 부모님 몫이었다. 시어머님이 준비하는 결혼식, 그리고 결혼 후의 나의 생활들, 나는 그냥 따를 수밖에 없었다. 군에 묶여 있는 그는 마음고생이 심했는지 신혼여행을 떠나자마자 앓기 시작했다. 한밤중에 약국을 찾아 얼마나 헤매고 다녔던지, 열이 올라 끙끙 앓는 새신랑을 두고 신부인 나는 약국을 찾아 서귀포의 밤거리를 헤매고 다녔다.

남들이 말하는 시집살이는 말하는 사람의 피해 의식에 의한 것이라고 생각했다. 그래서 나는 잘할 수 있다고 자신만만하게 시집살이를 시작했다. 그러나 그것은 엄청난 오산이었다. 임신과 출산, 그리고 아이가 돌이 될 때까지 3년의 시간 동안 내게 시집살이를 시킨 사람은 아무도 없었다. 그런데 나는 혹독한, 가장 혹독한 시집살이를 해야만 했다.

가난했던 시절 여러 형제들이 함께 자라야 하는 환경에서 아버지 말씀은 곧 법이었다. 아버지는 가난한 집에서 제대로 가르치지도 못하는데 오냐오냐 키웠다가는 세상살이 욕먹기 십상이라며 엄하게 키워서 내놓아야만 사람대접 받을 수 있다고 하셨다. 그 덕분일까, 정말로 사회에 나가서는 내가 하는 만큼 인정받았고 대접도 받았다. 그런데 며느리가 되어서 밤잠을 안 자 가면서 아무리 노력해도 시어머님 눈에는 늘 부족한 것투성이였다.

시댁은 단독주택이었고 연탄을 땠다. 연탄불을 갈아야 할 시간에 맞추느라 새벽잠을 설쳐 가면서 방 세 개의 아궁이를 살피러 돌아다녔다. 그리고 대전에서 조치원으로 출퇴근하시는 시아버님을 위해 새벽밥을 지었다. 물론 밑반찬들이야 시어머님이 해 놓으셨으니 나는 밥과 국, 혹은 찌개만 끓이면 되는 거였다. 그래도 자취 생활만 하던 내게는 여간 조심스러운 게 아니었다. 시아버님이 새벽밥을 들고 출근하시고 나면 한 시간쯤 후에 시어머님과 내가 식사를 했다. 그런 다음 또 한두 시간쯤 후에 시누이가 일어나 식사를 했다. 그러니까 네 식구 아침 식탁을 세 번 차리는 셈이었다.

시어머님은 가족들에 대한 당신의 사랑을 가족들을 위한 상차림으로, 옷차림으로 표현하셨다. 시아버님이 집에 계시는 주말이나 방학이면 아침, 점심, 저녁 준비로 분주하셨고, 아버님이 입고 다니시는 옷은 늘 손세탁을 하여야 했으며 주름 하나 없이 정갈해야 했다. 동네 큰일이 생겨도 일머리를 잡아 주기 위해서 불려 다니셨고, 음식 솜씨는 물론 바느질 솜씨나 고추장이나 된장 담그는 솜씨 등 인근에서는 시어머님을 따라올 사람이 없을 정도였다. 그러니까 시어머님은 하루 24시간을 온전히 집 안에서 가장과 자녀들을 위해 알뜰살뜰 살림하시는 전형적인 한국의 어머니셨다. 그런데 며느리인 나는 무엇을 먹을까, 무엇을 입을까 하는 문제가 왜 그리도 중요한지 알지 못했고 그래서 너무도 힘들었다.

간섭받고 싶었던 나의 욕망은 결국 한 달밖에 견디지 못했다. 딱 한 달, 한 달이 지났을 때 나는 아침 일찍 일어나 몸단장을 하고 옷깃을 여미면서 출근하고 싶었다. 일이 하고 싶었던 것이다. 앞치마를 두르고 주방에서 아침, 점심, 저녁 식사 준비하는 일이나 집안 청소가 아닌, 사무실에 앉아 동료들과 함께 하는 일 말이다.

두어 달쯤 지났을 무렵의 어느 날 은행에 다니는 막내 동생을 만나러 시내에 나왔다가 영어 회화 학원을 보았다. 결혼 전에 가지고 있던 돈도 있었고 뭔가 하고 싶었던 나는 아무 생각 없이 학원으로 들어갔다. 그러고는 등록을 하였다. 집에서 노는 시간, 그 시간만이라도 공부하고 싶었던 것이다.

그 무렵 대학을 졸업하고 집에서 놀고 있던 시누이는 영어 학원에도 다니고 운전 학원에도 다닐 때였다. 나도 뭔가 하고 싶어 학원에 다니겠다는 생각을 시부모님께 말씀드렸다. 안 된다는 것이다. 갓 시집온 새댁이 벌써 문밖출입이냐고 안 된다는 것이다.

나는 며칠을 눈치 보면서 다니다가 결국 그만두고 말았다.

큰아이를 임신했던 기간 동안 내내 나는 입덧이 심하여 여간 고생스러운 게 아니었다. 한 달 내내 아무것도 못 먹으니까 어머님께서는 입덧을 다스리는 약을 지어다 주셨다. 그제야 풋고추를 고추장에 찍어 쌀랑하게 식은 찬밥이나마 먹을 수 있었다. 참외가 어찌나 먹고 싶었던지, 세 번이나 꿈에 보였다. 참외밭에 노랗게 익은 참외가 보이기도 하고 어느 땐 참외가 수박처럼 커 보이기도 했다. 그런데도 꿈속에서조차 그걸 하나 먹을 수가 없었다. 참외가 나올 시기가 아니었던 것이다. 옆에 남편이라도 있으면 투정이라도 부리련만 나는 낯선 집에서 혼자였다.

임신중독 증세가 있어 몸은 더욱 힘들었다. 그런데 그보다 더 힘든 것은 출산이었다. 몸이 자꾸 부어서 유도분만을 했는데 이틀을 고생해도 아이가 나올 낌새가 없었다. 허리가 끊어질 듯이 아팠다. 왜 아이를 낳는 데 허리가 아픈 것일까. 친정 엄마에게 파스를 사다 허리에 붙여 달라고도 했다. 그래도 아픈 허리는 점점 심해졌다. 이틀이 지나자 의사는 수술을 하자고 하였다.

결국 제왕절개를 해서 딸아이를 낳았다. 그런데 당시 나는 의료보험 혜택을 받을 수 없었다. 남편이 결혼과 동시에 아버지로부터 독립되어 있었던 것이다. 순산을 하면 10만원이면 되는 것을, 수술을 해도 의료보험 혜택을 받으면 20만원이면 되는 것을

100만원이나 들여야 한다니, 나는 몸 둘 곳을 몰랐다. 안 그래도 누구네 며느리는 혼수로 무얼 해 왔더라, 예단으로 무엇을 해 왔더라, 하는 시집식구들의 이야기들로 주눅이 들어 있는 터에 병원비까지 신세를 져야 하다니, 나는 하루도 편하게 병원에 누워 있을 수가 없었다.

수술하고 3일째 되던 날 나는 간호사에게 퇴원하게 해 달라고 사정을 하였다. 집에서 편히 몸조리를 하고 싶다고 했다. 하루하루 병원에 있으면 병원비가 올라간다는 사실은 이미 알고 있는 터, 어떻게 해서든지 병원비가 적게 나와야 했다. 처음에는 안 된다고 하던 병원 측도 내가 사정을 이야기하자 퇴원을 허락하였다. 백만 원이라던 병원비는 육십만 원 나왔다. 그제야 나는 무거운 마음을 조금 덜 수 있었다. 그렇게 해야만 했던 나를 시부모님께서는 아마 모를 것이다.

갓난아이는 밤낮이 바뀌어 버렸다. 밤에 깨어서 놀자고 하는데 그러지 않으면 자꾸 보채는 것이다. 새벽에 출근해야 할 시아버님이 주무시는 시간에 아이를 울릴 수 없어 나는 깨어 있는 아이를 안고 밤을 새웠다. 더러는 새벽에 아이를 안고 골목에 나가 서성이기도 했다. 그런 다음에 잠든 아이를 안고 새벽밥을 지었다. 외며느리로서 아들을 낳은 것도 아니고 순산을 한 것도 아닌 내 입장에서는 매사에 조심스러운 것투성이였다.

남편은 아이가 돌이 될 무렵에 제대를 하고 돌아왔다. 공부하다가 군대 간 남편은 제대하고서도 자립으로는 아무것도 할 수 없었고 모든 것을 부모님께 의존했다. 결혼하면 어떻게 해 주겠다던 남편의 약속들은 하나도 지켜지지 않았고 그사이 나는 주눅과 열등감만 안게 되었다.

제대하고 곧바로 대기업의 반도체 연구소에 취직이 되어 분가할 때는 따로 산다는 것만으로도 좋아서 아무 생각이 없었다. 그런데 막상 나오고 보니 먹고살 것이 없었다. 어머님은 아들이 고생을 해 보지 않았다고 고생 좀 해 보아야 한다면서 된장 한 항아리와 고추장 한 항아리에 쌀 반 가마를 주셨다. 그건 당신들께서 분가할 때 받지 못해서 고생했던 물품이었던 것이다.

그런데 된장 고추장과 쌀만 가지고는 살아갈 수가 없었다. 물론 시어머님께서 몇 가지 살림살이를 나누어 주셨지만 막상 나오고 보니 연탄도 사야 하고, 연탄집게도 사야 하고, 바가지도 사야 하고, **빨래판**도 사야 하는 등 필요한 것들이 수없이 많았다. 결혼할 때 가지고 있던 비상금은 혼수로 갖추지 못했던 전축을 사기위해서 사라졌다. 그것조차도 내 선택은 아니었지만 가난과 배우지 못한 것으로 주눅이 들어 있는 나로서는 어쩔 수 없이 그래야만 했다. 남편은 면세품을 사는 것이어서 싸다고 하였지만 나는 비상금을 다 내놓아야만 했고 그 뒤로는 한 번도 내 손으로는 전축을 켜지 않았다. 능력 있는 부모님의 외아들로 태어난 그는 가난한 집의 다섯째 딸인 나를 사랑하였지만 내 처지를 온전히 이해하는 데는 무리였던 것 같다.

남편이 받은 첫 월급으로 시부모님께 선물 사 드리고 이사 비용으로 쓰고 나니 남는 게 없었다. 할 수 없이 나는 두 칸 전세방 중에서 한 칸에 하숙을 치기로 하였다. 잠자고 빨래만 해 주면 되는 사람을 두기로 한 것이다. 당시 내가 살던 동네는 금융연수원이 있어서 하숙방을 구하는 사람들이 있었다. 한 달에 10만원, 그것으로 부식 거리들을 사 먹었다. 부족할 때는 같은 서울에 사는 언니한테 신세를 져 가며 살아갔다.

시댁이 가난하면 내 속이 덜 꼬였을지도 모르겠다. 그런데 시댁은 남부럽지 않게 사는 집이었고 시어머님은 과일은 물론 푸성귀 하나라도 값보다는 품질을 먼저 보는 분이셨다. 그런 분 밑에서 살다가 나오니 배가 고픈데 남편은 그런 나의 심정을 헤아릴 줄 몰랐다.

남들은 결혼하고 신혼의 재미에 빠져 산다는 시간에 나는 사랑하는 법을 잃어 가면서 미워하는 법을 배워 갔다. 환경의 차이, 인식의 차이가 불러오는 오해는 시집살이라는 이름으로 다가와 엄청난 미움으로 자리를 잡아 갔다. 그러나 단 한 마디 말도 하지 않았다. 아니 가난한 농사꾼의 딸로 배우지도 못하였고 혼수도 변변치 못했던 나는 할 수가 없었다. 좋은 척 보낸 3년은 내 가슴에 통증을 일으켰는데 처음엔 30분 간격으로, 다음에는 20분, 10분, 5분 간격으로 찾아왔다. 가늘게 시작한 통증은 멀리서부터 달려오는 기차처럼 점점 확대되어 나를 꼼짝도 못하게 하였다. 서로 다름의 간격은 멀고도 멀었다. 부부라는 이름으로 마주 서도 보이지 않을 만큼 멀고 먼 거리였다.

젖을 물리는데 왜 그리도 배가 고픈지 밥을 먹고 돌아서면 먹은 것 같지 않았다. 천 원 가지고 슈퍼에 가서 사과 한 개를 사면 300원 남았다. 그런데 사과 한 개는 수유하는 여인의 왕성한 식욕을 채워 주지 못하였다. 과일을 실컷 먹어 보는 게 소원이었다. 그러던 어느 주말에 은행에 다니는 막내동생이 연수를 받고는 우리집에 들렀는데 동생의 손에는 과일 보따리가 들려 있었다. 굵고 싱싱한 사과, 배 등 단물이 줄줄 흐르는 과일을 보는 순간 나는 게걸스럽게 그 과일들을 탐하기 시작하였다. 아마도 두 끼 정도를 밥 대신 과일로 배를 채웠던 것 같다. 그렇게 먹은 과일은 곯아 가던 위를 자극하였고 출혈을 일으킨 것이다.

가슴 통증이 '위암'으로 다가올 줄은 미처 몰랐다. 왜냐하면 소화가 안 된다거나, 위염이 있거나 하지 않았기 때문이었다. 아마도 그때 그러지 않으면 좁힐 수 없는 거리를 가지고 있었던 모양이다.

위암의 진단을 받고 난 뒤 나의 편협한 인식의 틀을 발견하기까지는 그리 오래 걸리지 않았다. 모든 것들이 저벅저벅 큰 보폭으로 다가왔다. 왜 사랑하지 못했을까. 같은 조건에서 좋은 점도 있었을 텐데 나는 왜 나쁜 점만을 바라보고 비판하면서 미움만 키웠을까. 이러한 경험은 후에 논술을 가르칠 때 배우는 대상에게 지나칠 정도의 애착을 갖게 하였다. 인식의 틀을 넓혀라, 다양한 관점으로 보아라, 긍정적인 면을 찾아라, 조화와 상생의 길을 모색해라, 함께 살 수 있는 것이 네가 살 수 있는 길이라는 나의 이야기들은 3년의 시간이 나에게 준 깨달음이었다.

언젠가 시아버님께서는 손님들 앞에서 '우리 며느리 마음은 태평양 바다 같다' 며 며느리 자랑을 하셨다. 음식을 준비하던 나는 깜짝 놀라서 속으로 대답하였다. 태평양이 아니라 작은 도랑에 불과했어요, 산골마을을 휘돌아 흐르는 작은 도랑, 그 작은 도랑이 태평양을 흉내 내려다가 둑이 터져 버렸어요, 라고 말이다.

17개월 된 아이, 내가 없으면 천덕꾸러기가 될 아이, 내가 키울 수 있는 최대치의 시간이 5년이라니 남편이야 새로운 여자를 만나 살아가겠지만 저 아이는 어떡한단 말인가. 나는 울면서 키울 수 있는 시간을 허락해 달라고 기도했다. 엄마가 아픈 것은 간호사가 주삿바늘로 찌르기 때문이라고 믿는 아이, 그래서 병실 문을 지키고 서서 간호사가 나타날 때마다 양팔과 다리를 벌려 출

입을 막고 있는 아이, 내가 없는 시간 엄마 냄새가 난다고 내 베
개를 안고 울다가 울다가 잠이 든다는 아이, 그 아이를 두고 이대
로는 갈 수 없었다.

사랑하고 싶었다. 위를 썩혀 가면서 미움으로 장식했던 시간
들, 벗어나고 싶었던 시간들을 사랑으로 보상하고 싶었다. 시댁
식구들에게도 미안했다. 한 번의 부딪힘 없이 조용히 보냈지만
얼마나 큰 미움이 내 마음속을 채우고 있었는지, 나는 떠나기 전
에 그 자리에 사랑을 심어야 했다.

Story 2

또 다른 예비

또 다른 예비

수술 후 생리도 일정치 않았던 내 몸에 태기가 있다는 것이다.
의사는 나에게 모체의 생명을 담보로 모험을 할 수는 없다고 딱 잘라 말했다.
위암 수술을 했으니 임신과 출산은 안 된다는 것이다.

며칠을 좌절과 낙담으로 정신없이 보낸 뒤 나는 정신을 가다듬고 현실을 수습하기 시작하였다. 내 아이를 잘 키워 줄 여자를 물색하는 것이다. 내가 없으면 남편은 어차피 재혼할 사람이다. 그렇다면 나는 우리 아이를 잘 키워 줄 여자가 필요했다. 결혼 전 공부하는 남편을 좋게 보던 내 친구를 떠올렸다. 그 친구에게 실례라는 것은 알지만 예의를 차릴 처지가 아니었다. 구구절절이 편지를 썼다. 그냥 사정했다. 그 친구라면 잘 키워 줄 것 같았던 것이다. 그리고 만약의 경우 어쩔 수 없는 상황이 닥치면 부칠 생각이었다.

동네 사람에게 부탁해 목사님을 만나게 해 달라고 했다. 유년 시절을 되돌아보면 나는 새벽녘 어머니의 기도 소리에 눈을 떴다. 한 가지 한 가지 일들을 거론하면서 감사해 하시는 어머니는 식구들 이름을 하나씩 기론하면서 축복도 간구하셨다. 머리맡에서 들리는 어머니의 낮은 기도 소리는 나의 유년 시절 하루의 출발을 알리는 알람 소리였다. 그런데 사회생활과 결혼, 시집살이를 하는 동안 나는 하나님을 멀리했다. 물론 욕망과 이성 사이에서 갈등하게 될 때 귓전에 맴도는 엄마의 기도 소리는 나를 바로 서게 했다. 그러나 며느리가 되어서 다시 시어머니를 따라 교회에 갔을 때에는 마음은 닫혀 있었고 나의 내면은 비판으로 가득했다. 하나님을 믿는다는 사람들을 신뢰하지 않았다. 지푸라기라도 잡고 싶은 심정이었을까. 그런 내가 이제 와서 목사님을 만나게 해 달라고 부탁한 것이다.

운명의 순간과 맞닥뜨렸을 때 나약한 인간이 의지할 곳은 절대자밖에 없었다. 아픔을 통해 다시 하나님을 만난 나는 세상을 떠돌다가 엄마 품에 돌아온 탕자처럼 아늑하고 행복하였다. 원망과 미움의 대상이었던 모든 일들이 감사와 기쁨의 대상으로 바뀌었다. 그렇게 미웠던 사람들이 밉지 않았다. 병문안 차 찾아온 사람들은 나를 보고 암을 이기는 것은 마음먹기에 달려 있다고 용기를 주었다. 그러나 그렇게 용기를 주는 사람의 표정은 두려움에 싸여 있었다. 나는 오히려 염려 마세요, 수술 후 깨어나는 고통만 견디면 나는 다 나을 수 있어요, 라며 그들을 위로했다. 투병 생활의 고통은 잘못 살아온 삶으로 인해 견뎌야 하는 내 몫의 아픔이고 그런 다음에 새 삶을 살게 되는 것은 하늘이 내게 주시는 기회라고 믿었다.

정말로 수술실에 들어가면서 나는 수술 결과에 대하여 터럭만큼의 의심도 없었다. 여섯 시간 반 동안 이어진 수술, 예정 시간보다 두 시간 정도 더 걸렸는데 그 원인은 큰아이를 제왕절개로 낳은 후 생긴 장 유착 때문이었다고 했다.

수술 결과는 내가 믿었던 그대로였다. 집도했던 외과과장은 수술 후 몇 번의 항암치료를 해야겠다고 스케줄을 잡았으나 결과가 나오자 그럴 필요가 없다고 하였다. 위를 절제한 부분을 서울대학병원으로 보내 검사를 의뢰하였는데 아주 완벽한 수술이었다는 통보를 받았기 때문이다. 결국 내 믿음대로 된 것이다.

그 후 회복 기간 동안 나는 베델성서연구반에서 신구약에 대한 공부를 하였다. 베델성서연구는 3년 과정이었는데 구약 1년, 신약 1년, 그리고 신구약을 합친 성경말씀을 생활에 적용하는 생활편 1년의 과정으로 짜여 있었다. 나는 그 과정을 통해 사랑을 제일로 여기는 예수님의 말씀을 배웠다.

그 속에는 오늘날의 교회가 요구하는 계율에 얽매인 삶은 별로 없었다. 단지 사랑하고 사랑하라. 네 이웃을 네 몸같이 사랑하라는 오직 그 말씀이었다. 처한 환경에 따라 이야기는 달랐지만 이기적인 욕망에 사로잡혀 나 먼저 생각하는 본성을 말씀으로 다스려 타인을 먼저 배려하고 사랑하라는 것이었다. 생활편에서는 그 말씀을 부모자식 사이, 부부 사이, 그리고 사람과의 관계에서 구체적으로 실현하는 방법들이 제시되었다. 결국 인식의 방법을 달리하면서 상대를 이해하고 배려하는 것이었다. 그 공부를 통해 나는 과거 미움만을 키웠던 3년의 세월을 온전히 돌아볼 수 있었다. 그러는 사이 나의 몸은 회복되어 갔다.

수술한 지 3년이 지나고 4년째 접어들 무렵 몸에 또다시 이상 증세가 나타났다. 일어나 걸을 수가 없는 것이다. 왜 그럴까. 왜 속이 메슥거리면서 기운이 없을까. 왜 또 걸을 수 없고 자꾸 까라지기만 하는 것일까. 다행한 것은 먼저처럼 설사는 하지 않았다.

며칠을 누워서 지냈다. 그런데 죽음에 대한 두려움은 없었다. 하긴 수술 후 3년의 시간을 보내면서 나는 삶과 죽음에 대해 초연한 사람이 되어 가고 있었으니 그것은 당연한 일이었다. 하루하루 살아 있음을 감사와 희열로 받아들이고 있었던 것이다. 처음 간호사는 수술이 잘되면 한 5년 산다 했는데 벌써 4년으로 접어들었다. 그럼에도 불구하고 삶에 대한 이러한 자신감은 어디에서 비롯된 것일까.

할 수 없이 수술을 했던 한국병원 외과로 찾아갔다. 내과의와 외과의가 함께 나를 진찰하였다. 위 촬영을 비롯하여 내시경도 하였다. 별 이상이 없어 산부인과에 가서 다시 진단을 받았다. 임신, 임신이라고 한다. 수술 후 생리도 일정치 않았던 내 몸에 태기가 있다는 것이다.

의사는 나에게 모체의 생명을 담보로 모험을 할 수는 없다고 딱 잘라 말했다. 위암 수술을 했으니 임신과 출산은 안 된다는 것이다. 게다가 아이가 없다면 모를까 딸 하나 있으니 안 된다는 것이다. 나는 의사의 말에 절대로 동의할 수 없었다.

내 몸에 아이가 생긴 것은 생길 만한 환경이 되기 때문이라는 게 나의 생각이었다. 그리고 생명은 하늘이 주시는 것인데 내가 어찌 그 명을 거역하겠는가, 나는 절대로 그럴 수 없다고 의사와 맞섰다. 의사는 남편을 불러 내 몸으로는 임신과 출산, 그리고 육아는 절대로 안 된다고 경고하였다. 남편은 좀 무안했던 모양이다. 나에게 이래라저래라 아무 말도 하지 못하고 다만 내 생각을 물었다. 그러고는 그 몸으로 어떻게 아이를 낳을 것이며 어떻게 키울 것이냐고 두렵다고 했다. 그러나 나는 할 수 있었다.

처음 엄마가 되었을 때는 아무것도 모르는 무지한 엄마여서 당황하였지만 그러나 이제는 사랑하는 법을 알았다. 육체와 정신은 불가분의 관계여서 서로 영향을 주고받는다. 그러므로 낳을 수 있다는 나의 생각은 낳을 수 있는 환경을 만들 것이다. 나는 모든 걸 하나님께 맡겼다.

실제로 임신 기간 동안에는 많이 힘들었다. 빈혈이 심해서 일어나 움직일 수가 없었다. 큰아이 때는 입덧이 심하여 아무것도 먹을 수가 없었는데, 작은 아이 때는 움직이지 못하니 먹을 수가 없었다. 내 손으로 무언가를 만들어 먹을 수 없기 때문이었다. 할 수 없이 이것저것 눈에 떠오르는 대로 사 먹으면서 소파에 누워서 지냈다. 저녁이면 아이 손을 잡고 밖으로 나가 외식을 했다. 게걸스럽게 먹어 대는 엄마, 위를 2/3나 절제하였기 때문에 과식은 불가능했다. 그러나 뱃속의 아이는 아무것도 못 먹게 했던 큰아이와 달리 위가 작다는 것을 봐주지 않았고 맛있는 음식을 자꾸 원했다. 나는 뱃속의 아이가 원하는 대로 먹고 또 먹었다. 먹고 싶은 만큼, 먹을 수 있을 만큼 먹었다.

그 뒤 놀라운 일이 발생하였다. 위암 절제수술로 인하여 작았던 위가 늘어난 것이다. 그래서 정상인과 같게 된 것이다. 본래 크기로 돌아간 위 덕분에 10kg 이상 빠졌던 몸은 원상을 회복하였고 뱃속의 아이는 무럭무럭 자랐다. 감사와 기쁨 속에서 베델 성서연구도 계속하였다.

출산 예정일 10일을 앞두고 위암을 수술했던 한국병원에 입원을 하였다. 순산할 용기도 있었지만 그것까지 억지를 부릴 수 없어 의사의 권고대로 수술을 하였다. 그리고 3.45kg의 건강한 사내아이를 얻었다. 병원에 있는 동안 진통제를 거부하고 자연치유를 기다리면서 펴지지 않는 배를 안고 신생아실로 드나들며 수유를 하였다. 나를 지켜본 의사들이 말했다. 의지의 한국인이 여기 있다고. 의지의 어머니가 여기 있다고. 그렇게 태어난 둘째 아이는 큰아이와 더불어 무럭무럭 자랐다. 그때는 아이들이 내 삶을 어떻게 변화시킬지 나도 남편도 의사도 아무도 알지 못했다.

Story **3**

'어머니' 그 무한한 힘

'어머니' 그 무한한 힘

좋은 엄마가 되려면 아이를 어떻게 키워야 할까.
지식적인 것을 알려 주는 엄마보다는 사랑하는 법을 알려 주는 엄마,
사랑받는 법을 알려 주는 엄마가 되고 싶었다…….

인류 사회문화의 발전은 응축된 성적 에너지가 바탕이 되었다고 한다. 그러나 그에 버금가는 큰 힘이 또 하나 있다고 생각하는데 그것이 바로 모성애다. 이 모성애는 어떠한 환경에서도 자식들을 키워 내는 데 굴하지 않는 강인한 힘을 가지고 있다.

맹모삼천지교(孟母三遷之敎)라는 말이 있다. 왜 맹부삼천지교라고 하지 않고 맹모삼천지교라고 했을까. 이사를 갔다면 맹자의 아버지도 함께 갔을 텐데 말이다. 이 말은 바로 자녀 교육이 어머니에게 달려 있다는 것을 의미하기 때문일 것이다.

유태인은 모계사회이다. 모계사회에서 유태인을 유태인답게

만드는 사람도 어머니라고 한다. 유태인이 다른 민족과 결혼하게
되면 여자가 유태인이면 남자는 어느 나라 사람이든지 그 자식은
유태인이나, 유태인 남자가 다른 민족의 여자와 결혼하여 자식을
낳으면 그 아이들은 유태인이 아니라고 한다. 그것은 자녀교육을
어떤 사람이 맡느냐에 따라 달라진다는 것을 의미한다.

유태인 어머니는 아기를 낳으면 그때부터 품에 안고 끊임없이
속삭여 준다고 한다. 아이가 알아듣든 못 알아듣든 어머니는 젖
을 물리고 눈을 맞추면서 끊임없이 이야기를 한다. 이러한 어머
니의 속삭임은 아이들의 정서발달이나 인지발달에 커다란 영향
을 준다. 모유를 먹고 어머니의 속삭임을 듣고 자란 아이는 자라
면서 자연스레 책을 가까이 하게 되고 무궁무진한 상상의 세계에
빠져든다.

어머니는 엄청난 파괴력과 폭발력을 가지고 있다. 우리나라에
전해지는 두꺼비와 능사의 이야기에서도 알 수 있듯이 어머니는
살신성인의 힘을 가지고 있다.

어느 날 새끼를 밴 두꺼비가 능구렁이를 만나 약을 올린다. 화
가 난 능구렁이가 두꺼비를 잡아먹었다. 능구렁이 뱃속에 들어간
두꺼비는 그 속에서 독을 품어 능구렁이를 죽인다. 얼마 지나면
두꺼비 뱃속에서 새끼들이 나와 어미의 살을 파먹고 능구렁이의
살을 먹은 다음에 꼬물꼬물 바깥세상으로 나온다. 즉 죽음을 통

해 인을 이룬다는 것이다. 이러한 힘을 우리의 어머니들이 가지고 있다.

나에게 모성애가 잠재해 있다는 것을 나도 몰랐다. 막상 엄마가 되고 보니 수유하는 과정에서 새록새록 모성애가 불거지는 걸 느꼈다. 점점 아이가 자라면서 아는 게 없다는 사실도 깨닫게 되었다. 내 사랑하는 아이들에게 어떻게 하면 부끄럽지 않은 엄마가 될 수 있을까. 고민하고 고민해 봤지만 사회인으로서 당당하던 모습은 사라지고 무지(無知)한 여자만 서 있을 뿐이었다. 엄마가 될 준비도 하지 않고 엄마가 된 탓이었다. 이대로 있다간 부끄러운 엄마가 될 것은 자명한 일이었다. 내 어머니가 그랬듯이 나역시 가난으로 못 배웠다 하더라도 아이에게 부끄러운 엄마가 될 수는 없었다.

첫아이는 물론 둘째아이도 모유로 키웠다. 작은 아이는 중간에 아파서 입원하는 바람에 10개월밖에 먹이지 못했지만 큰아이는 15개월 동안 먹였다. 모유의 영양가가 6개월이 지나면 없어진다는 말은 귀담아듣지 않았다. 송아지는 소젖을 먹어야 하고 아이는 엄마 젖을 먹어야 한다는 고집스런 생각에서였다. 똑같은 유전조건 하에서 모유를 먹고 자란 아이와 우유를 먹고 자란 아이의 아이큐가 10 이상의 차이가 난다는 것은 나중에 안 일이었다.

수유하는 동안 나는 아이에게 젖을 물리고 눈을 맞추면서 수많은 이야기를 속삭였다. 아이가 하는 옹알이도 이야기로 듣고 대답을 해 주었다. 젖을 물리고 나면 나는 창작자가 되어 쉼 없이 이야기들을 만들어 내었다. 아니 아이도 창작자가 되었다. 아이의 말과 내 말의 표현법이 다를 뿐 아이 역시도 나 못지않게 눈과 입을 통하여 쉼 없는 이야기를 하였다. 엄마인 나는 그것을 알아들을 수 있었다. 대부분의 엄마들이 그러하듯이 아이에게 젖을 물리게 되면 나도 모르게 수다쟁이가 되었다. 엄마의 수다에 아이는 방긋 웃음으로 알아들은 체를 해 주었다. 그렇게 방긋 웃는 모습이 아직도 내 눈에 생생하다. 수유하면서 아이의 방긋 웃음과 교감하는 느낌은 수유를 해 보지 않은 남자들은 절대로 짐작도 못할 일이다. 노자는 이를 일러 '황홀'이라 하였다 한다. 노자이기 때문일까. 제아무리 노자라 하여도 그렇지, 어찌하여 수유할 때의 그 쾌감을 짐작할 수 있었을까. 혹시 노자가 여자이지 않았을까, 하는 의문도 가져 보는데 아무튼 나는 수유를 통해 아이와 마음을 교감하고 속삭이면서 황홀감에 빠졌다. 작은 아이에게 젖을 물린 다음이면 큰아이와 함께 공부를 시작하였다. 그러는 사이에 좋은 엄마가 되기 위한 것이라면 무엇이든지 할 마음의 준비가 되어 가고 있었다.

좋은 엄마가 되려면 아이를 어떻게 키워야 할까. 지식적인 것을 알려 주는 엄마보다는 사랑하는 법을 알려 주는 엄마, 사랑받는 법을 알려 주는 엄마가 되고 싶었다. 인간은 혼자 살아갈 수 없어서 관계를 맺으며 살아가야 하는데 그러려면 똑똑한 사람보다는 사랑할 줄 알고 사랑받을 수 있는 사람이어야 한다. 사랑받는 아이, 주변에서 이끌어 주고 싶고 아껴 주고 싶은 아이, 그런 아이로 키우는 것이 내 육아의 목표였다. 인간은 독립된 존재이면서 사회적 존재이기에 혼자 설 수는 없다. 언젠가 때는 알 수 없지만 아이를 지켜주던 엄마는 떠나야만 한다. 그것이 세상 만물의 이치이다. 아이 곁을 떠나야만 하는 때를 대비한다면 나는 아이를 타인에게 사랑받을 수 있는 사람으로 키워야 한다. 예의를 아는 사람으로 키워야 한다. 그래야만 엄마가 없어도 살아갈 수 있을 테니까.

방과 후 지식을 채우기 위해 학원으로 전전하며 가르치기보다는 내 힘으로 가르치고 싶었다. 아이가 사랑받을 수 있는 방법이라면 예의를 가르치는 것이다. 그러려면 내가 가장 좋은 선생이 될 수 있을 것이었다. 책부터 읽히기로 하였다. 다양한 독서가 다양한 삶을 접하게 해 주고 다양한 사고를 할 수 있게 해 준다는 것은 익히 알려진 사실이다. 아이에게 책을 읽히려면 우선 엄마인 나부터 책을 읽어야 했다.

두 아이들 앞에 서 있는 나의 실체를 안 순간 나는 아이들에게 더 이상 무능한 엄마일 수는 없었다. 무지에서 벗어나는 일은 엄마로서 최소한의 내 자존심이었고 괜찮은 엄마가 되고 싶다는 소박한 욕망이기도 했으며 사랑받는 아이, 예의바른 아이로 키우기 위한 방법이기도 했다. 무지한 엄마에게서 현명한 아이는 나올리 없다고 여겼다.

단계별로 아이와 함께 공부하기로 하였다. 그래야 아이의 수준을 알 것이고 가르칠 수 있기 때문이다. 아이가 학교에서 돌아온 저녁 시간에 복습을 시키기 전에 내가 먼저 책을 훑어보았다. 그러고는 함께 복습하였다. 나도 아이도 재미있었다. 그러다 보니 이대로 공부하다 보면 중학교, 고등학교 과정도 할 수 있을 것 같았다. 아이가 중학교에 가면 나도 중학생이 되고 고등학교에 가면 나도 고등학생이 되고 그렇게 두 단원만 앞서 가는 엄마가 되자는 발상은 혹시 아이가 대학에 들어갈 때 나도 대학에 들어갈 수 있지 않을까 하는 데까지 이르렀다. 생각이 거기에 미치자 가슴이 설레었다. 아이와 함께 대학에 다니면서 서로 연구하고 질문하고 어깨를 나란히 하는 친구가 되는 일은 생각만으로도 신나는 일이었다.

아이와 함께 공부하다가 함께 대학에 가겠다는 발상을 남편에게 말하였더니 흔쾌히 해 보라고 한다. 아마도 그는 내가 정말로 그렇게까지 할 줄은 몰랐을 것이다. 대학원까지 마친 남편은 짧은 학력으로 주눅이 들어 있는 나를 알고 있는 터였다. 밀어 줄 테니까, 도와줄 테니까 해 보라고 한다. 정말 그러고 싶었다. 그 일이 가능하다면 얼마나 행복할까. 마음속에서는 그러고 싶다는 열망이 여름 논배미 벼 자라듯 쑥쑥 자랐다. 아니 마음은 벌써 대학생이 되어 있었다.

Story 4

개천에서 용을 낳은 건 용이다

&

essay

잊혀지지 않는 선물, 양은 주전자 속의 사랑

개천에서 용을 낳은 건 용이다

고깃국은 정말 맛있었다.

빨간 기름이 동동 떠다니고 송송 썰어 넣은 새파란 부추가 섞여 있는,

건더기가 별로 없는 멀건 고깃국이었지만……

아이들의 이유기가 시작되면서 나는 속삭임을 멈추고 책을 읽어 주기 시작하였다. 엄마의 속삭임을 듣던 아이는 이유기가 되어도 계속 엄마의 이야기를 원했다. 동화책을 읽어 주다 보니 무엇인가 알아서 지도할 수 있다면 좋겠구나 하는 생각이 들었다. 그러다 보니 어느 날 독서지도사 과정의 수강생을 모집한다는 광고가 눈에 띄었다. 그걸 보는 순간 나 한 사람 공부하면 두 아이를 가르칠 수 있겠구나 싶었다. 한 사람이 공부해서 두 아이를 가르치면 남는 계산인데 덤으로 엄마인 나도 배울 수 있으니 일거다득인 셈이다. 그래서 독서지도사 과정에 등록해서

공부를 시작하였다.

내가 그렇게도 무지했던가. 강의를 듣다 보니 못 알아듣는 게 너무 많았다. 그래서 두 시간 강의를 듣고 오면 못 알아들었던 내용들을 알기 위해서 일주일 동안 책을 찾아 읽어야 했다. 강의시간에 '톨스토이 사상'이라는 말이 스쳐 가면 나는 집에 돌아와 톨스토이 사상에 대해 알아보고 '플라톤의 이데아론'이 스치듯 지나가면 그걸 알기 위해 또 책을 찾았고 작품 속 주인공들의 대사를 이야기하면 그걸 이해하기 위해서 찾아서 읽고 또 읽었다.

모두가 학교 다닐 때 작가와 작품과 줄거리만 알고 읽었다고 말했던 책들이었다. 그런데 실제로 읽으니 놀라웠다. 나는 그동안 무엇을 하고 살았나 하는 후회가 밀려오면서 뒤늦게 명작들을 찾아 읽는 기쁨을 만끽하였다. 그렇게 겨우 이해하고 나면 다음 강의시간에 가서 또 못 알아들었다. 그러니 내가 강의 내용을 이해하는 데는 남들보다 한 박자 늦는 셈이었다.

그래도 신기하고 신명이 났다. 모르는 것을 깨우치는 것만큼 기쁜 일이 또 있을까? 나중에 더 공부하고 보니까 문학의 기원 중에서 칸트가 주장한 유희본능설이라는 게 있는데 바로 그거였다. 인간은 깨닫는 기쁨을 즐기려는 것을 본능적으로 가지고 있다는 것이다. 그러니 내가 느끼는 앎의 기쁨도 본능이었던 것이다. 나는 새롭게 안 것들에 대해서 아이들과 남편에게 들려주고 싶어서 안달이었다.

배우고 돌아오면 나는 배운 것을 아이들에게 적용시켰다. 소소한 이야기들을 나누면서 자연스럽게 글을 쓰도록 길잡이 역할을 하였는데 독서의 기쁨을 알게 된 아이는 글쓰기도 좋아하였다. 속 깊은 이야기를 나누면서 아이와 정서를 공유할 수 있다는 것은 축복이었고 기쁨이었다.

🌳 잊혀지지 않는 선물

내 기억 속에는 잊혀지지 않는 선물이 두 가지 있다. 하나는 빨간 스웨터인데 왼쪽 가슴에는 초록빛 잎사귀 몇 장으로 둘러싸인 가운데 붉은 장미 한 송이가 붙어 있는 그런 스웨터다. 빨간 바탕에 초록색 잎사귀, 그 위에 붙은 빨간 장미, 빨간색도 그 스웨터의 빛깔처럼 예쁜 빨강을 나는 아직 보지 못했다.

그것은 초등학교 4학년 땐가, 5학년 땐가, 확실히 기억이 나지 않지만 서울로 돈 벌러 간 큰언니가 설날에 사 오신 설빔이다. 스웨터와 함께 까만 구두도 한 켤레 있었다. 그것은 새것이 아니라 서울의 어떤 꼬마숙녀가 신던 것을 큰언니가 얻어 온 것이다. 그런데 그 구두의 주인공은 나와 발이 똑같았던 모양이다. 내 발에도 좀 작았으니까.

그해 설날 큰언니가 얻어 온 까만 구두를 신고 설빔으로 받은 빨간 스웨터를 입은 나는 신데렐라가 되었다. 신데렐라의 유리 구두처럼 꼭 맞지 않아 발이 좀 아프긴 했지만 예쁘기로 말할 것 같으면 조금도 뒤지지 않았다. 그 구두를 신고 밖에 나가면 고무신을 신고 다니는 동네 친구들이 빙 둘러섰다. 나는 그 아이들 한가운데 서서 아이들이 해 보라는 대로 좌로도 걸어 보고 우로도 걸어 보고 앞으로도 걸어 보고 뒤로도 걸어 보고 팔짝팔짝 뛰어 보기도 하였다.

그때 나를 바라보던 아이들의 얼굴은 부러움으로 가득했다. 작은 구두를 신고 친구들이 시키는 대로 좌로도 걷고 우로도 걷고 뛰기도 했던 나는 친구들이 부러워하는 얼굴을 보기 위하여 아픈 발의 통증을 참느라 입을 앙다물어야만 했다. 간신히 작은 구두 속으로 숨 쉴 틈도 없이 꾸겨 들어간 발은 빨갛게 달아올라 화를 내었고 그나마도 들어가지 못한 발 옆구리는 구두 위로 부풀어 올라 발등은 찐빵처럼 소복했다. 발이 크다는 것이 그렇게 원망스러웠던 적은 없었다. 성장기 내내 큰 발에 대해 열등감을 가졌던 것은 아마 그때가 시초였던 것 같다.

또 하나 기억에 남는 선물은 까만 바탕에 하얀 가로줄 무늬가 있는 나일론 티셔츠이다. 그것은 중학교 입학하던 해 아버지가 사 주신 어린이날 선물이었다. 가난한 아버지는 쌀 두 말을 자전거에 싣고 읍내에 나와서 돈을 사셨다. 50원 하는 과자 인디안밥 한 봉지를 혼자 먹어 봤으면 죽어도 원이 없겠다던 남동생에게 그 원을 풀어 주시면서 덤으로 축구공을 하나 사 주셨고 중학교에 입학한 나에게는 길거리에서 파는 나일론 티셔츠를 사 주셨다. '어린이'라는 단어가 내게서 멀어진 다음에야 어린이날 선물을 한 번도 못해 준 안타까움을 담아 사 주신 선물이었다.

선물을 사 주신 아버지는 자전거 옆에 서서 행복해 하셨다. 정말 아버지 얼굴은 선물을 받는 우리보다 더 행복해 보였다. 30년 가까이 지난 지금까지 그때 아버지께서 사주신 티셔츠는 닳지도 않고 바래지도 않는 선명한 빛깔로 마음에 남아 삶이 힘들어질 때마다 눈앞에 나타나는데 더욱더 선명한 것은 행복하다, 하시던 아버지 모습이었다. 당신의 누추한 삶에도 자식들에게 어린이날 선물을 해주시고 행복해 하시는 아버지의 모습, 그 모습이 화인처럼 남아 커다란 선물로 내 가슴을 채워 줄 줄 그때는 몰랐다.

어른이 된 지금 유년 시절이 그리워 초등학교 동창회에 나간다. 주눅과 열등감으로 똘똘 뭉쳤던 초등학교 시절, 그때의 친구들을 만나면 그들은 내게 입을 모아 말한다. 남들 고무신 신고 다닐 때 구두를 신었던, 어린이 날이면 아버지 어머니 손잡고 나들이 가던 부잣집 딸이었다고 말이다.

남의 집으로 일하러 간 언니가 얻어온 작은 구두를 신고 자랑하느라 발뒤꿈치에 물집이 생겨서 고무신도 한동안 신기 힘들었다는 걸 아는 친구는 아무도 없었다. 물고구마로 장식된 엄마의 험한 밥이 보기 싫어서 그 밥을 가로채 먹고 학교로 내달리던 내 어린 시절을 아는 아이도 없었다.

어른이 된 지금 그런 말을 들을 때마다 나를 부잣집 딸로 키운 가난한 아버지의 미소가 그립다. 언니의 따뜻한 손길도 그립다. 그때 아버지는 아셨을까. 가난함에도 불구하고 지족을 실천하셨던 아버지의 삶이 자식들에게 지족의 삶을 사는 근원이 될 것이라는 사실을.

찬바람이 불고 설이 다가온다. 불경기를 스스로 헤쳐 가는 생활인이 되어 맞이하는 설은 창밖에 내리는 눈발만큼이나 차갑고 썰렁하다. 한동안 멍하니 눈 내리는 창밖을 바라보다가 서울 간 언니가 내려오기를 기다리며 동구 밖을 바라보고 서 있던 어린 시절의 기억들을 편편이 주워 모은다. 편편의 추억들은 난무하는 눈처럼 모아졌다 흩어지고 또 모아지면서 잠자던 나의 의식을 깨워 주었다.

이제는 검은 티셔츠를 입던 그만한 나이로 자란 딸이 내 옆에 있다. 빨간 스웨터를 입던 고만한 나이의 아들 녀석도 있다. 나는 그 아이들에게 아픈 발의 아우성을 참으며 신데렐라가 되었던 기쁨을, 빨간 스웨터가 감싸 주었던 따뜻함을, 아버지의 해맑은 미소가 준 지족의 삶을 고스란히 전하고 싶어 궁리를 해 본다.

어떻게 하면 내 아이들이 어른이 되어 따뜻한 추억을 간직할 수 있을까. 창밖의 눈은 그치지 않았고 마음속에 부는 썰렁한 바람도 쉬 멈출 것 같지 않아 자꾸만 옷깃을 여며 본다. 가난한 언니의 넉넉한 품이 그리운 날이다. 가난한 아버지의 만족한 미소가 그리운 날이다.

2004. 12.

양은 주전자 속의 사랑

젊은 사람들은 미래를 생각하며 살아가고 늙은 사람들은 과거를 생각하며 살아간다고 하더니 이즈음 자꾸만 옛일이 떠오르는 것이 아무래도 심상치가 않다. 그동안은 정신없이 사느라 나이도 잊고 살아왔는데 말이다.

며칠 전 고향에 갔다가 초등학교 때 친구들을 만났다. 고향에 오게 되면 꼭 연락하라, 맛있는 거 살 테니 그냥 가지 말고 꼭 연락하라는 친구의 말 때문이기보다는 보고 싶고 함께하고 싶었기 때문이다. 십여 년 전에 초등학교 동창회가 처음 열린 후로는 여름과 겨울로 나눠서 매년 만나며 살자고 약속은 하였지만 내 경우에는 3~4년에 한 번 꼴로 친구들을 만나게 된다.

고향에서 친구들을 만나면 함께 가는 집이 있다. 그곳은 멋진 산자락에 위치한 아담한 카페도 아니고 으리으리한 한정식집이나 갈비집도 아니고 호수가의 레스토랑도 아닌 시골의 허름한 방앗간집이다.

방앗간 집은 예전에 방앗간을 하던 사람이 그것을 개조해서 차린 음식점인데 주 메뉴는 보신탕이다. 이렇게 말하면 무슨 여자가 보신탕집을 다니느냐고 야만인이니 어쩌니 하는 소릴 듣겠지만 고향 친구들을 만나면 여자니 남자니 가릴 것 없이 가는 곳이 그 집이고 나역시도 그곳에 가면 마음부터 설레고 따뜻해지면서 아련한 추억 속으로 들어간다.

어린 시절 중학교에 진학하면서 집에서 9km 떨어진 읍내에서 언니와 자취를 하였다. 읍내에는 조그만 방을 칸칸이 지어 놓고 학생들에게 방을 세 주면서 사는 사람들이 많았다. 시내가 가까울수록 방값이 비쌌기 때문에 우리는 변두리에 방을 얻게 되었는데 그때 나는 그렇게라도 방을 세놓고 사는 사람들이 세상에서 제일 부자인 줄 알았다.

어찌나 부러웠는지 나도 다음에 어른이 되면 그런 방을 많이 만들어서 세를 주어야겠다고 마음먹었다. 세를 주되 전기세나 물세는 싸게 받고 방세는 한 번 들어오면 절대로 올리지 않겠다는 생각도 하였다. 혹시나 밤이 늦도록 공부하다가 30촉짜리 백열등을 켜 놓고 자더라도 '학생, 불 꺼!' 라며 소리를 빽 지르면서 벽을 탕탕 두드리는 주인은 되지 않을 거라는 생각도 하였다.

중학교 3학년이던 언니가 해 주던 밥은 꼬도밥이었다. 연탄불 위에서 해 먹는 냄비 밥이었는데 냄비가 작았는지 쌀을 씻어 연탄불에 올려놓고 학교에 갈 준비를 하다 보면 밥은 냄비 위까지 차올랐고 어느 땐 뚜껑이 밥에 밀려서 오도카니 올라앉아 있기도 하였다. 그 가장자리로 도톰하게 올라온 하얀 밥은 누룩을 섞어 멍석에 널어놓는 술밥 같기도 하였다. 세 발 달린 양은소반이 다리 하나를 절면서까지 받치고 있었던 꼬도밥에 김치와 장아찌, 무말랭이는 변하지 않는 메뉴였다.

가끔씩 아버지가 오시는 날이면 우리는 고깃국을 먹었다. 엄마가 고깃국을 끓여서 서너 되 들이 양은 주전자에 담아 주시면 아버지는 그것을 자전거에 싣고 우리들 저녁 먹을 시간에 맞춰 오셨다.

뜨거운 국이 담긴 양은 주전자를 자전거 손잡이에 걸고 울퉁불퉁한 9km 신작로를, 아니 우리가 사는 변두리까지는 12km는 되는 길을 달려오신 아버지. 채 식지도 않은 따뜻한 국을 내려놓으면서 어서 먹어라, 하시던 아버지는 비포장 신작로를 달려오시느라 뒤집어쓴 뽀얀 먼지 속에서 웃고 계셨다.

고깃국은 정말 맛있었다. 빨간 기름이 둥둥 떠다니고 송송 썰어 넣은 새파란 부추가 섞여 있는, 건더기가 별로 없는 멀건 고깃국이었지만 나는 아직도 그 고깃국만큼 맛있는 국을 먹어 보지 못하였다. 가끔씩 빨간 육개장을 마주하게 되면 그때 아버지가 날라다 주시던 고깃국이 생각난다. 후룩후룩 땀을 뻘뻘 흘리면서 먹고 있노라면 아버지는 먼 길을 달려오신 피곤함도 잊은 채, 앞으로 가져야 할 먼 길도 잊은 채 마냥 행복하게 바라보셨다.

어쩌다가 그렇게 고깃국을 먹게 되는 날은 동네 누구네가 키우던 개를 잡은 날이었다. 개 한 마리를 잡으면 동네 사람들 여럿이서 나눴으니 기름만 동동 뜨는 멀건 국은 당연한 거였다. 그래도 어머니의 손은 요술손이어서 가난한 살림살이에서 오병이어의 기적까지는 아니더라도 맛과 양을 내는 데는 그 비슷한 능력을 발휘하는 손이었다.

보신탕인 줄 알게 된 뒤에도 나는 자라면서 그 고깃국을 가끔씩 먹었다. 객지에서 자취 생활을 하다 돌아오면 어머니는 그 고깃국을 준비했다가 주셨다. 그 국은 가난한 아버지가 사 주실 수 있는 가장 비싼 음식이었고 가난한 어머니가 만들어 주실 수 있는 가장 고급스런 음식이었다. 보리밥에 김치, 장아찌, 그리고 무말랭이만 먹고 자란 내가 이렇게 클 수 있었던 것도 아마 그때 보충했던 영양 때문일 것이다.

언젠가 글을 쓰는 사람들 몇몇이 어울려 무얼 먹으러 갈까 망설이고 있을 때 일행 중에 한 사람이 우리 개갈비나 뜯으러 가지요, 호탕하게 큰 소리로 말하였다. 남자들은 따라서 웃는데 여자들은 그걸 어떻게 먹느냐며 야만인 바라보듯 한다. 그런데 가만히 살펴보니 개갈비나 뜯으러 가자는 사람도 안 먹기는 마찬가지였다. 그렇구나, 속도 모르고 장단을 맞췄다가는 망신만 당할 뻔했구나, 안도의 숨을 내쉬다가 얼굴을 찡그리면서 저도 그런 거 못 먹어요, 동물 애호가

처럼 말하고는 혼자서 피식 웃었다.

가끔씩은 그렇게 동물 애호가처럼 행동할 때가 있다. 그런 경우 분위기에 밀려 어쩔 수 없는 상황인데 그런다고 내 과거가 숨겨지지도 않을뿐더러 한번 떤 내숭을 기억했다가 일관성 있게 유지하기란 내 경우 불가능한 일이어서 아예 포기하고 만다.

내 생긴 대로 살기에는 고향이 제격이다. 개구리 잡아 구워 먹고 메뚜기도 잡아 구워 먹고 어쩌다 운 좋은 날에는 땅속에 굴을 파고 다니는 두더지도 잡아 구워 먹던 어릴 적 친구들과 함께할 때는 코찔찔이 시절부터 다 아는 처지라 동물 애호가인 양 내숭을 떨어 봐야 흉잡힐 일밖에 없으니 남자나 여자나 모두들 방앗간 집으로 간다. 소주잔을 주고받으며 떠먹는 방앗간집의 고깃국은 엄마가 끓이고 아버지가 실어다 주셨던 그 고깃국에 비할 건 못 되지만 고향친구들과 함께 옛정을 떠올리는 자리로는 제격이다.

그걸 먹고 내 육체가 이렇듯 자랐고 그걸 먹고 내 영혼이 이렇듯 자랐기 때문일까. 이즈음 나는 무엇으로 사는가, 뒤돌아보려니 내 뱃속에 들어간 그네한테는 미안한 일이지만 양은 주전자에 담긴 아버지의 뜨거운 사랑이 먼저 떠오른다.

나는 내 아이들에게는 주전자 속에 무얼 담아 주어야 할까. 무엇이라도 담으려면 우선 서너 되 들이 양은 주전자부터 장만해야 하지 않을까. 커다란 양은 주전자를 손잡이에 걸고, 그것도 뜨거운 걸 담아서 걸고 아버지가 달린 울퉁불퉁한 신작로를 달리는 게 어떠한 일인지를 실감해 봐야겠다.

아마도 달리다가 출렁거려 길바닥에 좀 흘리면 어떠랴, 또 끓이면 되지, 혼자서 약은 체를 하면서 뒤에 싣고 달릴 게 틀림없지만 그래도 울퉁불퉁한 삶의 길, 나는 사랑하는 아이들에게 줄 따뜻한 무언가를 준비해 달려야 한다.

2004. 9

큰아이는 자라면서 함께 놀자며 엄마의 손길을 많이 요구했는데 작은아이는 좀 달랐다. 정적으로 조용하여 혼자 노는 걸 즐겼다. 조용히 앉아서 쉼 없이 오리고 만들고 붙이면서 혼자 좋아라 하였다.

286 컴퓨터와 386 컴퓨터를 쓰던 때에 아이가 자꾸 컴퓨터를 만져서 못 만지게 했더니 아이는 키보드와 모니터를 만들었다. 하얀 도화지로 만든 키보드에는 제 스스로 글자들을 적어 넣었다. 글자는 삐뚤빼뚤했지만 위치는 자판의 것과 똑같았다. 그러고는 386 컴퓨터보다 못하다고 생각했던지 아빠 것만큼 좋지는 않지만 있을 건 다 있어요, 라면서 토닥토닥 도화지 위의 자판을 두드리는 것이었다. 정말 멋진 컴퓨터구나, 아빠 것보다 훨씬 좋아, 너는 어쩌면 이렇게 잘 만드니, 나는 아이를 안아 주었다.

작은아이가 초등학교 1~2학년일 무렵 '다마고치'라는 장난감이 유행하였다. 그 장난감에는 강아지가 그려져 있었는데 이 강아지는 기계 속에서 자라는 강아지였다. 때를 맞춰 밥도 먹고 똥도 쌌다. 그러니까 그 장난감을 갖게 되면 애완용 강아지를 키우는 것처럼 때를 맞춰 밥도 주고 청소도 해 주어야 한다. 아이는 친구들이 가지고 노는 다마고치를 사 달라고 하였다. 나는 그것을 사 줄 수 없는 이유들을 하나하나 이해되도록 설명해 주었다. 그래도 갖고 싶었던 아이는 친구들 것을 빌려서 가지고 노는 눈치였는데 어느 날 내게 다마고치 하나를 내밀었다.

엄마, 이것 좀 보세요, 세상에서 가장 좋은 다마고치가 생겼어요, 친구들 것보다 성능이 훨씬 좋아요, 하며 내미는 것은 색도화지로 만든 다마고치였다. 다마고치가 갖고 싶었던 아이는 친구들이 가지고 있는 것에 이런저런 성능들을 더 첨가시켰고 디자인도 색상도 자기가 좋아하는 것으로 만들었던 것이다. 그러고는 좋아라 자랑하고 다녔다.

와, 세상에서 이렇게 좋은 다마고치는 처음 본다, 정말 멋진걸, 나는 아낌없이 칭찬해 주었다. 그러고는 어떻게 가지고 노는 것인지 하나하나 물어보았다. 구체적으로 설명해 주는 아이는 성취감에 겨워 행복해 하였다. 지금 생각해도 그것은 정말 멋진 장난감이었다.

아이는 갖고 싶은 것이면 모두 가졌다. 물론 제 스스로 만들어 가졌다. 혼자 만들 수 없을 때는 이웃에 사는 두 살 터울의 이종사촌 형을 불러서 함께 만들었다. 자동판매기처럼 백 원짜리 동전 하나를 넣으면 아이들이 좋아하는 물건들이 나오는 뽑기가 있다. 문방구에서 아이들을 유혹하는 뽑기 기계는 아이가 제 사촌형과 함께 만든 작품으로 걸작이었다. 그것은 아이 스스로도 가장 훌륭하다고 여기는 것인데 실제로 동전을 넣으면 이런저런 상품들이 나왔다. 물론 기계도 도화지로 만들고 나오는 상품도 색종이로 접어 이름만 써 놓은 것에 불과하지만 동전을 넣으면 자동으로 쏟아지는 정말 멋진 발명품이었다.

아이는 욕구를 그렇게 충족해 나갔다. 친구들과 놀고 난 후에는 그들이 가진 장난감을 만들어 내는 아이는 유치원에서 돌아오는 길에 민들레꽃을 한 송을 따 와서 엄마 드리려고 따 왔다며 내민다. 민들레꽃 같은 손으로 내미는 한 송이의 민들레꽃을 받아 들었을 때 그 기쁨을 어찌 장미꽃 한 다발을 받은 것에 비교할 수 있을까.

요즘처럼 물질이 풍부한 시대에, 다른 아이가 가지고 노는 것이면 내 아이도 가지고 놀아야 하는 경쟁의 시대에 결핍을 가르친다는 것은 충족시켜 주는 것보다 어려운 일이다. 아이들이 요구하는 것들이야 값으로 치면 몇 푼 되지도 않는다. 그래서 지갑에서 돈을 꺼내 주는 것이 쉽다. 그러나 안 되는 것도 있다는 것을 가르치기 위해 나는 아이의 눈높이로 낮아져야 했다. 자세하게 왜 안 되는지를 납득시켜야 했으니까. 설명을 듣고 안 된다는 것을 알게 된 아이는 떼쓰지 않았고 자신의 욕구를 채우기 위해 다른 방법을 모색하였다. 친구들의 눈치를 보면서 빌려서 가지고 놀든지 그것이 치사하면 만들어서 가지고 놀든지…….

물론 나도 내 아이에게는 아낌없이 해 주고 싶은 엄마다. 그러나 그것만이 능사는 아니지 않은가. 친구 것을 빌리기 위하여 눈치를 살피거나, 빌리는 대가로 자기가 아끼는 무언가를 내놓거나 그래도 안 되면 만들어서 갖는 아이는 세상을 배워 가는 거라고 생각했다. 정말 남부럽지 않게 해 주고 싶은 것들이 많았고 그럴 수 없어 안쓰럽고 미안했지만 견뎌야 했다.

어느 날 아파트 앞 호프집에 갔다. 밤늦은 시간이었는데 중학교 3학년인 그 집 아들이 학원에서 돌아왔다. 장사하던 엄마는 가방을 메고 들어오는 아들을 가슴으로 맞아 무릎에 앉히고는 오늘도 힘들었지 하면서 등을 토닥인다. 중학교 3학년인 아이는 유치원 다니는 어린아이가 되어 엄마에게 안겨 응석을 부렸다. 그 엄마는 아침저녁으로 아이들의 운전기사 노릇을 하고 다니는데 그날은 아빠가 배달 갔다가 데려온 것이라고 한다. 일하는 엄마는 출근하는 남편 뒷바라지를 하고 짬짬이 맛있는 저녁밥과 영양가 있는 간식을 미리미리 준비하였다가 아이가 집과 학교, 학교와 학원을 오가는 시간에 태우고 다니면서 차 안에서 먹게 했다. 그녀 생활의 모든 것은 아이 중심으로 돌아가기 때문에 호프집은 종종 일찍 문을 닫았다.

아들이 예뻐서 어쩔 줄을 모르는 엄마를 보는 순간 너무나 존경스러웠다. 엄마의 무릎에 앉아 응석을 부리고 있는 중학교 3학년인 사내아이가 행복해 보였다. 우리 아이들은 내게 한 번이라도 저런 응석을 부려 본 적이 있는가. 나는 어떤 엄마인가. 매사에 아이들한테 인내하라고 요구하는 엄마가 너무도 미안한 순간이었고 나의 자녀 교육법에 회의가 드는 순간이었다.

얼마 전 작은아이가 다니는 사대부고에 자모회가 있어서 다녀왔다. 그때 학교에서는 학생들의 기숙사 생활을 상세히 설명하여 주면서 일일 생활시간표를 나누어 주었다. 생활시간표에는 아침 기상 시간부터 식사 시간과 자유 시간, 정규 수업 시간과 야간 자습 시간, 취침 시간까지가 상세하게 나와 있었다. 학교 측에서는 그걸 만들어 나누어 주게 된 동기를 다음과 같이 이야기하였다.

몇 해 전 학부모 중에서 어느 어머님이 학교에 전화를 하여 아이들의 생활시간표를 알았으면 좋겠다고 하였는데 그 이유는 아이들이 밥 먹는 시간을 알아야 엄마도 밥을 먹을 것이며, 아이들이 잠자는 시간을 알아야 엄마도 잠자리에 들 수 있기 때문이었다는 것이다. 선생님으로부터 그 말을 듣는 순간 갑자기 부끄러움이 내 가슴 한가운데로 밀물처럼 쏴아아 밀려왔다.

부모 곁을 떠나 기숙사 생활을 하며 공부하는 열다섯 살의 어린 자녀를 위해서 집에서 무엇을 할 수 있을까를 고민하는 그 어머니는 아이들의 식사 시간은 물론 공부 시간과 잠자리에 들어갈 시간이면 늘 기도하였으리라. 어머니마다 사랑법이야 다르겠지만 그 이야기를 듣는 순간 나는 바쁘다는 핑계로 아들의 안부조차 까먹은 날들이 떠올랐다. 그 시간 묵묵히 공부하고 있었을 아이의 모습을 떠올리니 고개가 숙여졌다.

사대부고의 전교생은 기숙사에서 생활을 하며 한 달에 한 번 마지막 주에야 집에 온다. 일요일 오전에는 점호가 끝나면 오후 2시까지 외출이 허락되어 부모님들이 그 시간에 자녀들을 만나러 학교로 간다. 그런데 내 경우는 입학하고 두 달가량 떨어져 있었는데 아이가 보고 싶은 마음이야 굴뚝같지만 매주 찾아간다는 것은 쉬운 일이 아니었다. 주말이면 밀렸던 집안일들이 나를 기다리고 있고, 강의 준비도 해야 하고, 다음 한 주일을 살아갈 준비도 해야 하는 등 이런저런 이유들이 발목을 잡는다. 남편이라도 다녀와 주면 좋으련만 남편 역시도 나처럼 그러지 못할 이런저런 이유들이 늘 준비되어 있다.

자모회의에서 선생님께 들은 이야기인데 사대부고에 충남 태안에서 온 아이가 있었다고 한다. 형제 둘이었는데 부모님은 태안에서 방앗간을 하였다. 일주일 내내 부부가 방앗간에서 쌀도 빻고 고춧가루도 빻다가 일요일이 되면 아침 일찍 공주로 아이들을 만나러 왔다. 그때는 지금과 달리 외출이 안 되던 때라서 일요일에도 아이들을 15분밖에 면회할 수 없었는데 15분 동안 아이들을 만나기 위해 부부는 매 일요일마다 두 시간 반을 달려오고 그 길을 두 시간 반을 운전하여 되짚어 돌아가는 것이다. 그 모습이 하도 안쓰러워서 어느 날 담임 선생님이 그만 오시라고 하였더니 아버님은 자식들 커 가는 것을 낙으로 일주일을 열심히 일한다면서 아이들을 보러 오고 가는 길은 멀지도 않고 어렵지도 않다고 했다는 것이다. 학생 또한 그런 부모님을 보면서 한시도 게으름을 피울 수가 없었다고 하였다는데 결국 그 형제는 명문대에 들어갔고 공교롭게도 한 해에 나란히 사법고시에 합격하는 영광을 안았다고 한다.

개천에서 용났다는 말이 있다. 그러나 아무리 개천일지라도 용이 용을 낳고 용이 용을 키운 것이지 물고기가 용을 낳고 물고기가 용으로 키운 것은 아닐 것이다. 방앗간에서 형제 판검사가 난 것을 일러 개천에서 용났다고 하였다는데 그것은 틀림없이 개천에서 용이 난 것이 아니다. 방앗간에서 먼지를 뒤집어쓴 채 묵묵히 자기 역할에 성실했던 용이 있었기에 가능했던 것이다. 콩 심은 데 콩 나고 팥 심은 데 팥 나는 법이니까. 그런데 나는 염치없게도 늘 물고기 노릇만 하면서 아이들에게 용이 되길 바라곤 한다.

Story **5**

서당개 삼 년이면 풍월을 읊는다

서당개 삼 년이면 풍월을 읊는다

엄마에게 가르치기 위해서 선생님께 배워 오는 아이의 사랑은
부모가 아이를 가르칠 때 스며드는 조급함이나 이기적인 것은
섞이지 않았다.

우리 속담에 서당 개 삼 년이면 풍월을 읊는다는
말이 있다. 말 못하는 개도 서당에서 살다 보면 글을 읽을 줄 안다
는 것은 그만큼 환경이 중요함을 알려 주는 좋은 예가 될 것이다.
실제로 주변에 대학생인 언니나 오빠가 있는 아이들을 살펴보면
그 아이들이 그렇지 않은 아이들보다 폭넓고 깊이 있는 사고를 하
는 것을 알 수 있다. 보고 들은 것이 다르기 때문이다. 인간은 환
경에 영향을 받으며 살아가는데 어린아이일수록 더 심하다. 늑대
소년의 이야기만 봐도 그것은 틀림없는 사실이다.

환경에 민감한 아이들이 학교에서 돌아왔을 때 집안 분위기에
따라 마음가짐이 달라지는 건 당연한 것이다. 집 안에서 텔레비

전 소리가 나면 아이는 텔레비전 앞에 앉고 주방에서 음식 냄새가 풍기면 식탁에 앉아 먹을거리를 찾는다.

언젠가 아이가 학교에서 돌아왔을 때 텔레비전을 켜 놓았었다. 그랬더니 아이는 텔레비전 앞에 앉아서 리모컨을 가지고 채널을 돌렸다. 그러다가 재미있는 프로그램을 발견하게 되었고 다음부터 아이는 꼬박꼬박 그 시간에 맞춰 집에 오는 것을 알게 되었다. 그런 일이 서너 번 반복되면서 아이는 이제 그 프로그램의 팬이 되었다는 것을 알았다.

그것을 알게 된 후부터 나는 아이가 학교에서 돌아올 시간이 되면 아무리 바쁜 일이 있어도 제쳐 두고 책을 보았다. 처음엔 어색하였지만 그러는 날이 많아질수록 아이도 서서히 책을 들고 편안한 자리를 찾아 앉았다. 내 곁에 앉기도 하고 소파에 눕기도 하고 거실에 눕기도 하면서 조용히 책장을 넘기는 것이다.

아이들이 책을 읽기 시작했다가 다 읽지 못하고 덮었을 때 다 읽지 못했다고 나무라지 않았다. 책 읽기에 부담을 느끼게 하고 싶지 않았기 때문이다. 다만 읽은 만큼에 대해서 묻고 칭찬해 주는 것은 잊지 않았다. 그랬더니 아이는 칭찬받고 싶었던지 끝까지 읽는 눈치였다. 책을 읽는 동안에 아이는 한 손으로 내 팔을 만지기도 하고 발바닥으로 내 종아리를 부비기도 하였다. 다리를 만지는 작은 녀석의 발가락 움직임은 손가락 움직임만큼이나 섬세하다. 엄마가 그렇게도 좋을까. 아무튼 학교에서 돌아온 아이는 책 한 권을 잡고 내 곁에 앉기를 좋아한다. 그리고 특별한 일이 없는 한 다 읽을 때까지 일어나지 않는다. 눈은 책을 읽고 손가락과 발가락은 엄마의 사랑을 읽는 것이다. 그런데 알고 보니 손가락 발가락의 섬세한 움직임은 아이의 두뇌를 활성화시킨다고 한다.

내 곁에서 책 읽기는 아이의 기쁨이 되었다. 스스로 읽는 즐거움을 아는 아이는 따로 지도가 필요 없었다. 독서의 기쁨에 의해 책을 읽는 아이에게 독서는 놀이가 되었고 자투리 시간에도 책을 잡고 즐겁게 보냈다. 엄마가 좋아서 만지고 싶은 아이는 엄마 곁을 떠나려 하지 않는다. 그 엄마가 TV를 보면 아이도 TV를 보고, 엄마가 책을 읽고 있으면 아이도 책을 읽는다. 엄마 곁에 붙어서 엄마가 하는 대로 따라 하는 것이다.

처음 서산에 내려왔을 때 작은아이를 데리고 아파트에 있는 삼성유치원을 방문하였다. 한 학기가 남아서 집에서 함께 지내도 되었지만 새로운 환경이어서 친구들을 만들어 주어야겠다는 생각에서였다. 그런데 새로운 유치원에 가니 원복도 가방도 모자도 모두 사야 했다. 6개월 후면 초등학교에 입학할 아이인데 예전에 다니던 유치원의 가방도 모자도 다 있는데 또 사야 하는가 망설이다가 아이에게 사실을 이야기하였다. 그랬더니 아이는 흔쾌히 먼저 쓰던 것을 가지고 다닐게요, 하는 것이 아닌가. 친구들과 같은 것을 사 달라고 떼를 쓰기라도 하면 어쩔 수 없는 일인데 아이는 아무렇지도 않게 전에 가지고 다니던 가방을 메고 다녔다.

그러던 어느 날 아이가 올 시간이 되어 베란다에 서서 아이가 나타날 골목을 바라보고 있었다. 그런데 깡충깡충 뛰어오는 아이가 새 가방을 메고 있는 것이 아닌가. 어쩐 일인가 물었더니 원장님이 말도 잘 듣고 정리도 잘한다고 새 가방을 주셨다고 한다.

새 가방이 그렇게도 좋을까. 좋아하는 아이를 보니 갑자기 미안한 마음이 쏴아 하고 밀려왔다. 나는 아이에게 새 가방이 그렇게 갖고 싶었으면 사 달라고 하지 왜 가만히 있었느냐고 물었다. 아이는 먼저 가방도 좋긴 했지만 유치원에서 친구들 것과 나란히 놓으면 자기 가방은 반듯이 서 있질 않아 속이 상했다고 한다. 그런데 이제 새 가방을 갖게 되었으니 친구들 것과 나란히 서 있을 수 있어 좋다는 것이다. 헝겊으로 된 부드러운 가방과 비닐로 된 딱딱한 가방의 차이였다.

그 이야기를 듣는 순간 나는 아이들의 마음을 너무도 몰라 준 것은 아닐까 하는 생각이 들었다. 저렇게 좋아하는데 하나 사 주고 말 것을 그동안 반듯이 서 있지 않는 가방으로 인하여 아이의 마음에 그늘이 드리워지지는 않았을까 속이 상했다. 그러나 아이는 그렇지 않았다고 오히려 나를 위로한다. 도대체 어떻게 키워야만 잘 키우는 것일까. 내 딴에는 옳은 방법이라고 생각되어 실천하는데도 늘 미안하니 말이다. 그래도 아이가 괜찮다고 이해하고 따라 주니 고맙기만 하였다.

아이에게 공부하는 재미도 엄마와 함께 하는 것으로 붙여 주었다. 초등학교에 들어간 아이는 좋아하는 과목이 있고 싫어하는 과목이 있었다. 그럴 때 나는 싫어하는 과목을 선정해서 가령 수학이라든가 영어라든가 그런 과목에서 어떤 것들을 지적하여 아이에게 물어보았다.

'엄마 이거 몰라서 그러는데 너는 아니?' 하고 물으면 아이는 내가 지적한 문제를 유심히 들여다본다. 그러다가 아는 문제이면 신이 나서 설명을 해 주고 어려운 문제이면 얼버무리고 피하려고 한다. 나는 아이가 신이 나서 설명을 할 때는 '어떻게 그런 걸 다 알았느냐, 대단하구나!' 칭찬을 아끼지 않는다. 또 아이가 머뭇거릴 때 나는 그 문제를 바로 가르쳐 주지 않고 '엄마를 위해서 이것 좀 배워다 줄래? 엄마가 모른다고 말하면 선생님한테 창피하니까 네가 모른다고 배워 와서 엄마에게 가르쳐 줘' 라고 부탁한다.

그러면 아이는 그 문제를 꼭 기억했다가 학교에서 배워서 내게 가르쳐 준다. 그러고는 엄마 모르는 거 있으면 제가 배워 올 테니까 또 물어보라고 한다. 그때를 기다려 나는 아이의 대단함을 지적한다. '이렇게 어려운 문제를 너는 쉽게 배워 왔구나, 엄마는 정말 어려운데' 하면서 고맙다는 인사를 잊지 않는다.

공부하는 습관을 들이려고 시작했던 이러한 과정을 통해서 나는 아이가 얼마나 엄마를 사랑하는지 깨닫게 되었다. 엄마들이 아이들을 가르칠 때는 못 알아들으면 '이것도 몰라?' 하면서 윽박지르곤 하였는데 아이는 엄마가 모른다고 하여도 절대로 윽박지르는 법이 없었다. 내가 아이를 가르칠 때보다 더 침착하고 더 친절하고 더 자상하다. 오히려 배우면 다 알 수 있다고 용기까지 주었다.

엄마에게 가르치기 위해서 선생님께 배워 오는 아이의 사랑은 부모가 아이를 가르칠 때 스며드는 조급함이나 이기적인 것은 섞이지 않았다. 나는 아이의 엄마 사랑법을 통하여 나의 아이 사랑법을 변화시켰다. 결국 아이에게 배운 것이다. 엄마라는 존재 자체를 사랑하는 아이와 아이라는 존재를 소유하려는 엄마. 그것이 아이와 엄마의 사랑하는 방법 차이였음을 깨닫게 된 것이었다.

나는 아이가 가진 순수한 마음을 통하여 아이에게 깨달음의 즐거움을 주려고 의도적으로 노력했다. 함께 공부하다 보니 아이는 독서 못지않게 공부하는 데에도 재미를 들이게 되었다. 또한 엄마와 함께 하면서 엄마한테 가르쳐 줬다는 자부심과 성취감으로 가득한 아이의 가슴에 지적인 욕망이 자리하는 것도 알 수 있었다. 이러한 일들을 반복하다 보니 나도 배우는 게 많았다. 아이를 통해 나를 돌아보고 성찰하게 되는 것이다. 정말로 아이의 마음 앞에서 고개가 숙여지는 때가 많았다.

처음에는 아이에게 공부하는 습관을 들이려는 의도에서 질문 거리를 찾아 시도했는데 아이가 중학교에 들어가면서부터 실제로 내가 모르는 게 많아졌다. 그러다 보니 엄마는 몰라서 쩔쩔매고 가르쳐 주는 아이는 쩔쩔매는 엄마를 안쓰러워 했다. 나는 실제로 영어 문법이나 단어 같은 것은 아이에게 수시로 물었다. 모르는 것을 솔직하게 모른다고 말하며 도움을 요청하면 아이들은 언제든지 도와줄 준비가 되어 있었다. 어느 땐 엄마, 그렇게 어려운 건 몰라도 괜찮아요, 라며 위로까지 해 주었다.

엄마가 아이들에게 배우기만 하니까 체면이 서질 않았다. 그래서 나도 틈틈이 책을 읽으면서 가르쳐야 할 것들을 찾았고 호기심을 야기시킬 만한 것들을 체크해 함께 이야기하였다. 엄마인 내가 가르칠 수 있는 부분이라야 일반사회나 문학, 철학 부문이었지만 어떤 책을 읽고 난 뒤에는 그 책의 내용이 안고 있는 문제점을 지적하거나 감동을 이야기하면 아이는 엄마가 왜 그렇게 느꼈을까 궁금해 하다가 스스럼없이 읽는 걸 보았다. 그러는 사이 집 안에서 텔레비전 소리는 사라졌다.

큰아이는 차분해서 어릴 때부터 스스로 할 일은 꼼꼼히 챙겼다. 그런데 작은아이는 엄마를 닮은 탓인지 좀 덜렁대는 습관이 있었다. 6학년 때 아침에 학교 간다고 집을 나선 아이가 금세 되돌아왔다. 깜짝 놀라 물으니 씨익 웃으면서 '가방을 놓고 갔어요' 하는 것이 아닌가. 아침에 학교에 가는 녀석이 가방도 잊고 나가다니 집을 나설 때 아이의 머리에는 무슨 생각이 들어 있었을까. 시험일이 다가와도 나는 작은아이의 시험 일자를 모른다. 엄마가 시험일을 알아서 스트레스 받을 게 뭐가 있냐면서 알려주질 않기 때문이다. 그래도 꼬집어 물으면 자기도 모른다고 한다. 그러면서 누나에게 왜 시험 일자는 기억해서 잠도 못 자고 스트레스를 받느냐고, 그런 건 잊어버리는 게 상책이라고 알은 체를 한다. 아마 의도적으로 잊어버렸던 것 같기도 하고 실제로도 모르고 있었던 것도 같다.

중학교 1학년이 되었을 때의 일이다. 부슬부슬 비가 내리는 토요일이었는데 학교에서 일찍 돌아온 아이가 다시 책가방을 메고 친구 집에 놀러 간다고 한다. 놀러 가는 아이가 왜 책가방은 메고 가느냐고 물었더니 가방을 열어 보여 준다. 노란색 페라리 승용차 한 대가 들어 있다. 자기 재산목록 1호라고 하는 페라리 자동차는 아이가 모은 용돈으로 산 것인데 원격조정으로 달리는 것이다. 크기도 제법 커서 책가방이 꽉 찬다. 친구와 아파트 공터에서 자동차 경주를 하기로 했다는 것이다. 그런데 자동차를 왜 책가방에 넣어가는 것이냐고 물었더니 비를 맞을까 봐 그런다는 것이다.

듣고 보니 웃음이 나온다. 중학생이 책가방에 자동차 한 대를 넣어 가지고 메고 다닌다니 덩치는 컸어도 아직도 아이였다.

그 아이가 고등학생이 되어 고백하는 걸 들어 보니 엄마와 함께 공부하면서도 하기 싫을 때가 있었는데 그때는 해야 할 일일 학습지를 숨기고는 잃어버렸다고 했다는 것이다. 그 말을 듣고 생각해 보니 학습지를 자주 잃어버려서 덜렁댄다고 지적한 적이 많았는데, 녀석의 고백으로 미루어 보면 한 번도 잃어버린 적이 없었으며 모두가 의도적으로 숨긴 것이었다. 나름대로는 나의 교육법이 아이에게 짐이 되었던 모양이다. 그런데 일일학습지를 숨겨 놓고 잃어버렸다고 거짓말을 하여도 나에게 들키지 않은 걸 보면 아이는 어쩌면 빈틈없는 엄마에게서 벗어나기 위해 더 똑똑해졌는지도 모를 일이다. 엄마는 자식들에 대해서 다 알고 있다고 생각하는데 속는 것도 많은 것 같다.

하긴 성현인 공자도 자기 자식은 못 가르쳤다고 한다. 왜 그것도 못하느냐고 책선(責善)을 하기 때문이다. 자기 자식을 가르치는 데 아버지들은 엄마들보다 훨씬 힘들다고 한다. 마음을 조절하지 못하기 때문이다. 그래서 공자도 자기 아들을 다른 스승에게 맡겼다고 하는데 그러는 중에서도 아들에게 직접 가르친 것이 딱 두 가지 있다고 한다. 하나는 불학례 무이립(不學禮 無以立)이고 또 하나는 불학시 무이언(不學詩 無以言)이다. 즉 예를 공부하지 않으면 바로 설 수가 없고 시를 공부하지 않으면 말을 할 수가 없다는 의미이다. 시(詩)는 오늘날 시뿐만 아닌 문학 전반을 일컫는다고 봐야 힐 것이다. 즉 독서이다. 책을 읽지 않으면 말을 할 수 없다는 의미로 해석하면 된다.

그러니 독서지도나 글쓰기 지도를 비롯한 하나의 인격체를 길러 내는 일은 부모의 수공업에 의한 것이다. 자녀 지도만큼은 인디언들이 그랬던 것처럼, 유태인이 그랬던 것처럼 혹은 우리의 어머니들이 그랬던 것처럼 몸으로 부딪히고 실행해야 하는 철저한 수공업이다.

그렇게 놀기를 좋아하는 둘째 아이는 내 옆에 앉으면 책을 찾는다. 공부하는 것은 별로 못 보는데 책 읽는 것은 많이 본다. 만화도 좋아하는데 하도 만화를 많이 봐서 혼내기도 했고 고민도 많이 했었다. 그런데 큰아이가 고 3이 되어서 고백하는 걸 들어 보면 자기는 중학교 때에 동네 만화방에 있는 만화는 다 읽고 그것으로 만족이 안 되어서 시내에 있는 만화방까지 진출하였다고 한다. 신간이 나오면 만화방 아주머니가 신간 나왔다는 전화까지 해 줄 정도였다면서 그냥 두라는 것이다. 이제 돌이켜 보면 배우는 깨달음을 즐기는 것에는 만화도 한몫 했다는 생각이 든다.

Story **6**

창작반에 들어가다

창작반에 들어가다

가슴속에서는 이게 아니라는 회의와 함께
새로운 열망이 싹트기 시작하였다.
그것은 다름 아닌 창작에의 욕망이었다.

공부하면서 독서지도사 자격증을 취득하고 한 3
년 정도 아이에게 책을 읽어 주다 보니까 언제부터인가 작은아이
가 내 곁에 앉아서 스스로 읽기 시작하였다. 한글을 가르친 적이
없는데 주룩주룩 읽어 대었다. 신기하여 한 글자씩 짚어 가며 물었
더니 한 글자도 모르고 있었다. 그러니까 내가 읽어 준 것들을 외
워서 읽는 것이다. 그렇게 많은 시간 아이들과 함께 책을 읽었다.
읽다가 보니까 시시한 동화들이 눈에 보였다. 이 정도면 나도 쓸
수 있겠다, 아니 내가 더 잘 쓸 거 같다는 생각이 들기도 하였다.

작가는 대단한 것인데 내가 어떻게 그런 생각을 할 수 있을까.
그것은 교만이다 싶어서 겸손해지려고 노력해 보았다. 그래도 더

잘 쓸 수 있다는 생각은 멈추질 않았다. 어려서부터 눈에 띄는 문학소녀도 아니었고 공부를 잘해 우등상을 타 본 적도 없으며 창작기법은 물론 문장조차도 어떤 게 비문이고 어떤 게 온전한 문장인지도 몰랐다. 쓸 수 있다는 자신감은 읽다가 몸으로 느낀 것이다. 명작도 스승이지만 졸작도 스승이 될 수 있다는 것을 나는 그때 체험했다.

그렇게 아이와 책을 읽으면서 독서지도 논술지도에 빠져 보내던 어느 날 나는 독서지도야말로 전인교육이라는 생각에 이르렀고 한우리 독서문화원 부천 남 지부를 개원하게 되었다. 그것은 작은아이와 함께 할 수 있는 일이기도 했고 학교에서 돌아온 큰아이와 함께 할 수 있는 일이기도 했다. 오후 시간 내 아이에게 하던 독서지도를 여러 아이들을 데리고 하게 된 것이다.

일천여 권의 책을 갖춰 놓고 초롱초롱한 눈망울의 아이들과 함께할 수 있다는 것은 나에게 커다란 행운이었고 기쁨이었다. 나는 그 아이들에게 독서지도를 해 주고 동심을 배웠다. 아니 아이들과 함께 하면서 잃어버렸던 동심을 찾기 시작하였다. 서툴지만 삐뚤빼뚤한 글씨로 제 마음을 표현하는 아이들이 사랑스러웠다. 제법 잘하는 아이들에게는 엄지손가락을 들어 주었고 미숙한 아이들은 안아 주었다. 그러다 보니 개원한 지 6개월이 지나지 않아 아이들은 120명으로 늘어났다. 강사들을 관리해야 했고 학부모들과 상담도 해야 했다. 아이들과 함께하고 싶었던 처음 의도와는 좀 다르게 흘러갔다. 차량도 운행해야 했으며 시간을 펑크 내는 강사들을 대신해서 이반 저반 수업도 해야 했다. 아이들과 동화를 읽고 토론하는 시간보다 강의 계획서를 짜고 강사들을 관리하고 학부모 상담을 하는 등 독서문화원을 운영하는 일로 바빠지면서 나는 사업가로 변해 가고 있음을 느꼈고 피곤해지기 시작했다. 독서문화원이 방대해지면서 나의 체력은 떨어졌고 하루하루가 피곤하였다.

가슴속에서는 이게 아니라는 회의와 함께 새로운 열망이 싹트기 시작하였다. 그것은 다름 아닌 창작에의 욕망이었다. 어디서 생기는 자만심일까. 아이들과 동화를 읽고 토론하면서 나도 쓸 수 있다는 생각이 들었다. 아니 좀 더 솔직히 말하면 더 나은 동화를 쓸 수 있다는 자신감이 생기기 시작하였다.

아이들에게 동화를 쓰고 싶다고 말했더니 좋아하였다. 그럼 엄마가 쓴 동화를 책으로 읽을 수 있느냐는 것이다. 물론 그렇다고 대답해 주었다. 너희의 이야기가 책으로 나올 수도 있다고 말해 주었다. 책을 좋아하는 아이들은 벌써 그런 책이라도 나온 것처럼 좋아했다. 할 수 있을 것 같았다. 결국 한우리 독서문화원 부천 남 지부를 동생에게 넘기고 한우리 아동문예 아카데미에 들어가 창작 공부를 하기로 하였다.

당시 서로 이웃하면서 음식도 나눠 먹고 마음도 나누던 규현이 엄마가 내 아이를 돌봐 주겠다고 하였다. 미안하였지만 창작에 대한 욕망은 미안한 마음을 뒤로하게 하였다. 나는 염치불구하고 일주일에 한 번씩 아이를 규현이네에 맡기게 되었다. 그런데 아이 맡기는 것도 미안한 노릇인데 규현이 엄마는 우리의 저녁거리까지 준비했다가 주는 것이 아닌가. 늦게 들어오는데 언제 저녁거리를 준비하느냐면서 찌개며 국이며 음식을 나눠 주는 것이었다. 그러지 말라고 극구 사양했지만 규현이 엄마는 엄마대로 이유가 있었다.

엄마랑 둘이 있을 때는 떼쓰고 힘들게 하던 규현이가 우리 아이와 함께 있으면서 책도 읽고, 장난감도 만들고, 색종이를 가지고 오리고 붙이면서 조용하게 아주 잘 논다는 것이다. 그게 고마워서 아이들에게 이것저것을 만들어 먹이고 우리가 먹을 저녁찌개까지 나눠 주는 것이니 그냥 먹으란다.

모든 건 하려는 마음만 먹으면 길이 열리는 모양이었다. 작은아이를 누구에게 맡기고 공부하러 다닐까 여간 고민스러운 게 아니었는데 이렇게 쉽게 해결될 줄은 몰랐다. 그 뒤로 나는 마음만 먹으면 무엇이든지 할 수 있는 자신 있는 여자로 변해 가고 있었고 작은아이는 내가 집에 있을 때에도 종종 규현이네로 가서 잘 먹고 잘 놀다가 왔다.

3월에 처음 한우리 아동문예 아카데미에 들어갔을 때에는 동화를 써 내지 못했다. 다른 수강생들이 써 내는 것에 대한 첨삭지도를 귀담아 들었다. 수강생 중에는 잘 쓰는 사람들이 많았다. 현재 활동하고 있는 김춘옥, 이경애, 엄예현, 장경선, 신기옥 등등의 작가가 그때 함께 공부하던 수강생들이었고 일 년 먼저 공부한 사람이 『마당을 나온 암탉』의 작가 황선미 씨다. 나는 그들이 써 낸 동화에 대한 첨삭지도를 들으면서 집에 돌아와 쓰고 고치고 또 쓰고 고치는 연습을 했다. 그래도 직접 첨삭을 받을 용기는 나지 않았다. 그도 그럴 것이 창작이라는 것을 처음으로 해 보는데 어찌 두렵지 않겠는가. 그렇게 삼사 개월이 지났을 때 용기를 내어 한 편의 동화를 써 냈다.

　그날 첨삭지도를 해 주시던 신현득 선생님의 말씀이 지금까지 잊히질 않는다. 아주 잘 썼다, 동화를 쓰기 위해 태어난 사람이라고 하시는 것이 아닌가. 깜짝 놀랐다. 내가 글을 쓰기 위해 태어난 사람이라니 도무지 믿어지지가 않았다. 그러나 믿고 싶었고 그렇게 되고 싶었다. 아니 믿었고 그렇게 되려고 노력하였다.

　문학 지망생이나 작가들과 함께하다 보면 글을 쓰기까지 그들의 지난 시간들을 종종 듣곤 한다. 이야기를 들어 보면 그들은 이미 어린 시절부터 작가가 될 기질을 가지고 있었다. 아주 어린 나이에 다락방에 숨어서 시간 가는 줄 모르고 책을 읽었다는 이야기, 수업 시간에 동화나 소설, 세계문학을 읽다가 야단맞았다는 이야기나 백일장이 열릴 때마다 학교 대표로 뽑혀 상을 탔다는 이야기는 그들이 가지고 있는 공통점이었다.

그런데 내게는 그런 어린 시절이 없다. 책에 대한 기억이라고는 어깨동무가 전부니까. 마땅히 읽을 책도 없었지만 책에 대한 관심도 없었던 듯하다. 백일장에는 한 번도 나가 본 적이 없다. 학교 대표가 아니라 학급 대표도 뽑혀 본 적이 없으며 특별하게 국어를 잘하지도 않는 선생님의 관심에서 벗어난 아이였다. 그런 내게 신현득 선생님께서는 작가가 되기 위해 태어난 사람이라고 하신다. 그런데 왜 그 말이 믿고 싶은 것일까.

유년 시절 나는 어른들이 언니나 동생을 예쁘고 똑똑하다고 칭찬하면 가운데 끼어서 질투도 시샘도 할 줄 모르고 나는 왜 못났을까를 생각하며 눈물을 들키지 않으려고 먼 산을 바라보았다. 어린 나이에도 스스로 못났음을 인정할 줄 알았던 것은 실제로도 예쁘고 똑똑한 언니—후에 미스충남을 지냈다—때문이기도 했지만 그보다는 아이들을 비교해서 말하는 어른들 덕분이었다. 그 덕분에 내 유년의 시간들은 열등감으로 채워 갔고 부끄러움 많은 소녀가 되었으며 냇가에 나가 소에게 풀을 뜯기며 자연을 좋아하는 사람이 되었다.

고향 공주의 동네 앞에는 신작로를 사이에 두고 봇도랑과 정안천이 금강으로 흐르고 있었다. 시냇가에는 다양한 생명체들이 함께 어우러져 있었다. 시냇가에 나가면 예쁘다 밉다, 잘한다, 못한다를 비교하는 어른들은 없었고 아이들만 있었다. 평행선으로 끝없이 이어지는 정안천과 신작로, 그리고 봇도랑은 내게 편안한 쉼터였고 친구였다.

정안천은 모래사장과 더불어 수심이 얕은 대신에 넓었고 봇도랑은 좁고 깊었다. 학교 갔다가 돌아오면 냇가에 소를 매어 놓고 동네 머슴아들과 어울려 물이 허리까지 차는 봇도랑에서 진흙 둑을 뒤져서 시커먼 털이 북실북실 나 있는 참게를 잡거나 도랑바닥을 발바닥으로 더듬으며 민물조개를 잡는 게 일이었다. 바지를 가랑이 끝까지 올리고 발로 바닥을 더듬다 보면 어느새 팬티가 축축하게 젖어 오는데도 아랑곳하지 않고 열심히 발을 더듬어 민물조개를 잡았다.

마땅한 친구가 없을 땐 냇가에서 맨질맨질한 조약돌을 주워 공기놀이도 하고 돌팔매로 물수제비를 뜨기도 했으며 그것도 심심하면 소 옆에 앉아서 풀을 뜯는 것을 구경하거나 신작로에 뽀얀 먼지를 일으키며 달리는 자동차를 구경했다.

소가 풀을 뜯고 있는 것을 옆에서 보고 있노라면 많은 풀들 가운데 소가 아삭아삭 맛있게 먹는 풀이 있고 안 먹는 풀이 있다. 잔디나 바랭이, 쇠비름이나 억새 같은 것은 소가 제일 맛있게 먹는 풀인데 뜯어 먹는 소리를 듣고 있노라면 어찌나 맛있게 먹던 지 내 입 안에 침이 괴기도 하였다. 그런가 하면 쑥은 먹지 않아 서 소들이 놀고 있는 들판에는 쑥이 가장 무성하였다.

허리가 길쭉한 사냥개 그레이하운드가 그려진 고속버스가 빨 래판같이 울퉁불퉁한 비포장도로를 질주할 때는 그 모습이 보이 지 않을 때까지 바라보았다. 그레이하운드는 2층으로 된 고속버 스였는데 그 버스가 신작로를 지날 때 일어나는 뽀얀 흙먼지는 하얀 뭉게구름 같아서 거무칙칙한 트럭이 지나갈 때 일으키는 뽀 얀 먼지와는 비교도 안 될 만큼 멋있었다. 나도 이다음에 크면 그 레이하운드를 타고 그것도 꼭 2층에 앉아서 꼭 서울에 가 볼 거 라고 빼빼 마른 단발머리 계집애는 그렇게 다짐하곤 했었다.

정안천이 흘러드는 금강의 하늘이 붉게 물들기 시작하면 멀리 예배당에서 저녁 종소리가 들려왔다. 그 종소리를 신호로 아이들 은 어깨에 바—소를 매어 두는 노끈—를 매고 자기 몸집보다 몇 배나 더 큰 소를 몰고 마을로 들어온다. 고삐를 잡은 손에는 더러 참게나 민물조개 혹은 참개구리들이 강아지풀에 낀 채 매달려 있 었다. 참게나 민물조개는 저녁 찬거리지만 참개구리는 마당을 헤 집고 다니는 닭의 몫이었다. 마을은 굴뚝마다 연기가 피어올랐고 마당에는 생쑥을 얹어 놓은 모깃불이 타고 있었다. 아직도 귓가 에 들려오는 예배당의 저녁 종소리와 발바닥에 와 닿는 진흙의 감촉과 민물조개 껍데기의 감촉, 그리고 움켜쥐면 잡힐 듯한 투명한 시냇물과 조약돌 틈새의 모래무지, 갈겨니, 꾸구리, 그리고 피라미 떼들. 정안천은 숲에서도 물에서도 소를 모는 아이들을 비롯하여 다양한 목숨들이 어우러진 아름다운 곳이었다.

집이나 학교보다 들을 더 좋아했는데 그런 것들이 소설이나 동화로 대체될 수 있는 것일까. 그럴 것 같지는 않았다. 그러나 표현할 수만 있다면 내 가슴속에 살아있는 생생한 기억들을 모두 그려내고 싶었다. 그래서 열심히 읽고 열심히 쓰고 열심히 필사를 하였다. 그러다 보니 머릿속에 무엇인가 반짝 하는 게 있으면 그것을 글로 형상화하지 않고는 아무것도 할 수 없는 사람이 되어 가고 있었다. 자다가도 밥을 먹다가도 벌떡벌떡 일어나 컴퓨터 앞으로 가곤 하였다.

일 년쯤 되었을 때 그동안 쓴 동화 세 편을 골라 신춘문예에 응모하였다. 한 편씩 마음에 드는 대로 골라서 세 곳의 신문사에 던졌다. 그랬더니 한 편이 문화일보 심사평에 올랐다. 떨어지긴 했으나 가능성을 타진하는 나에게는 엄청난 수확이었고 기쁨이었다.

그 무렵 나를 가르치셨던 신현득 선생님께서 동화 세 편을 준비하라고 하셨다. 월간지에 추천을 해 주시겠다는 것이다. 등단을 하게 되면 그것을 발판으로 삼아 더 열심히 글을 쓰게 된다는 지론이셨다. 그러나 내 생각은 달랐다. 작가는 대단한 사람이라고 알고 있는데 나는 스스로 걸음마도 못하는 기어 다니는 수준이었다. 그런 수준에 어떻게 작가가 된단 말인가. 그것도 신현득 선생님은 나의 모든 년들에 칭찬을 아끼지 않는 분이셨기에 더더욱 그랬다. 나는 나를 모르는 분에게 객관적인 평이 듣고 싶었다. 그러려면 선생님의 추천을 받으면 안 되는 거였다. 그래서 노력하고 노력하여 공모전에 응모해 보고 싶다고 내 뜻을 정중하게 말씀드렸다. 10년가량 해도 안 되거든 그때 추천해 주십사고 말씀드렸다. 선생님께서는 흔쾌히 그러라고 하셨다.

신춘문예 심사평에서 떨어진 동화를 수정하고 수정하여 MBC 창작동화 대상 공모에 투고를 하였다. 신춘문예는 신인만 응모할 수 있지만 MBC문학상은 등단 10년 이내의 작가도 응모할 수 있었다. 상금이 많아서 노리는 사람들도 많다. 나는 겁도 없이 그곳에 세 편의 동화를 투고하였다.

그 무렵 남편이 잘 다니던 회사를 그만둔다고 하였다. 대기업의 반도체 연구소에 연구원으로 일하던 남편은 하던 일이 잘 안 되는지 매일 두통약을 먹고 살았다. 왜 그럴까 알 수 없는 불안이 밀려왔다. 일 년 전만 하여도 우수사원 표창을 받아 부부 동반하여 해외여행까지 하고 왔는데 그런 그가 왜 그럴까. 나로서는 알 수 없는 일이었는데 그는 떠날 결심을 하는 듯하더니 결국 사업을 하겠다며 서산으로 내려가겠다고 하였다.

착잡하였다. 남들은 자녀교육을 위해 서울로 올라가거나 해외로 빠져나가는 상황에서 반대로 서산으로 이사를 가야 한다니 마음에 들지 않았다. 당시 서산에는 두 살 터울의 언니가 살고 있었다. 그 형부가 사업 수완이 좀 있었는데 함께 창업을 해 보자는 제안을 해 왔고 회사 일에 힘들어하던 남편은 흔쾌히 수락한 것이다. 나는 그의 제안에 동의할 수 없었다.

남편은 그런 나를 설득하기 시작하였다. 내려오기 싫으면 혼자 내려가 있을 터이니 아이들과 부천에 남아도 좋다는 말까지 하였다. 그렇게까지 말하는 그가 안쓰러워 보였다. 그렇다고 쉽게 대답할 수도 없었다. 이제 뭔가 해 보고 싶은데, 이제 애들과 신나게 책 읽고 글 쓰는 것에 재미를 붙이기 시작하였는데 시골로 내려가면 하나도 할 수 없을 거라는 생각 때문이었다.

그러던 어느 늦은 밤이었다. 답답하던 차에 작은방에 들어가 기도를 하였다. 나를 살려 놓으신 뜻을 몰라서 무엇을 해야만 하는지 몰라 삶의 의미를 찾아 헤매다가 우선 아이들이나 잘 키우자고 시작한 독서지도 논술지도가 글을 쓰게까지 되었는데 여기서 멈춰야 하는 것인가. 여상을 나온 덕에 사업한다는 남편 뒷바라지는 잘할 수 있을 터인데 결국 내 역할이 그것인가. 나는 글을 쓰고 싶은데 공부가 더 하고 싶은데 여기에서 멈추고 남편을 따라 내려가야 하는 것인가 기도하다 보니 눈물이 나왔다. 그래서 실컷 울었다. 울고 나니 마음의 결정을 할 수 있었다.

　남편 혼자 내려가게 할 수는 없는 일이다. 가족의 의미를 생각한다면 절대로 그럴 수는 없는 일이었다. 얼마나 산다고 그리 살아야 한단 말인가. 나는 고민하는 남편에게 따라서 내려가겠다고 하였다. 내려가서 사업하는 것을 돕겠다고 하였다. 워낙이 그쪽으로 감각이 있으니까 도우면 금방 성공할 수 있을 거라는 생각도 들었다. 창작에 대한 아쉬운 마음을 접지는 못하였지만 그 길이 옳은 길이라는 것만은 알고 있었다. 하고 싶은 일과 해야만 하는 일이 언제나 같지는 않다. 하고 싶은 일을 할 수 있는 것은 해야만 하는 일을 완성한 뒤에 허락되는 것이다. 그러니 더 머뭇거릴 이유가 없다. 나는 내 아이들과 함께 살 수 있다는 것만으로 다른 걸 요구하면 안 되는 사람이었다.

　그런 이야기를 나누고 있을 때 새벽 1시가 가까워 오고 있었다. 남편과 함께 내려가서 할 이런저런 일들을 계획하고 있을 때 갑자기 요란하게 전화벨이 울렸다. 깜짝 놀라 받고 보니 MBC 문화방송이라는 것이다. '응모하신 작품이 당선작이 되었습니다' 하는 것이 아닌가. 전화기를 내려놓으면서도 나는 당선이 무엇을 의미하는지도 몰라 그 늦은 시간에도 불구하고 신현득 선생님께 전화를 드렸다.

Story **7**

동화작가가 되다

동화작가가 되다

신현득 선생님의 말씀이 떠올랐다.
작가가 되기 위해 태어났다는 신현득 선생님 말씀을
나는 한 치의 의심 없이 믿었고 믿음대로 노력하였으며 그 결과 대상을 차지했다.

　　　　다음날 아침에 단편 「동생과 색종이」가 대상으로 당선작이 되었다는 걸 알 수 있었다. 그것은 내 인생에 커다란 전환점이 되었다. 내 가슴속에 솟구치는 창작의 욕심을 버리고 백의종군하는 마음으로 사업하는 남편을 돕겠다는 결정을 했을 때 MBC 창작 동화 대상의 주인공이 되었다는 연락을 받은 것이다. 해야만 하는 일을 하겠다고 마음의 결정을 하고 남편을 따라 내려가겠다는 말을 했을 때 하고 싶은 일도 할 수 있는 기회가 주어졌다.

　　여의도 MBC 문화방송의 10층 대회의실에서 원탁을 사이에 두고 심사위원과 수상자가 마주 앉아 있다는 것이 꿈만 같은 일이어서 나는 고개를 들 수가 없었다. 내 앞에 앉아 계신 분들을 감히 마주 볼 수가 없어 내 시선은 안주할 곳을 찾지 못하였고 가슴은 방망이질을 해 댔다. 왜 그렇게도 진땀이 나던지 김병규 선생, 정채봉 선생, 유경환 선생, 권영상 선생, 이상교 선생님……. 평소에 글을 통해 흠모해 오던 작가들이 지금 내 앞에 앉아 계시고 내 동화를 읽었으며 선정해 주셨다는 것은 세상이 모두 내 편인 듯했다. 장편동화로 당선작을 낸 사람이 먼저 수상소감을 이야기하는데 그의 당선소감은 한 편의 소설 같았다. 저 사람은 어떻게 말도 저렇게 잘할까. 저 정도는 되어야 작가가 될 수 있는 것이구나. 나는 어떻게 이야기하나, 무어라고 이야기하나, 떨리는 마음을 진정시키지 못해 앉아서도 안절부절 진땀만 흘리고 있었다.

신현득 선생님의 말씀이 떠올랐다. 작가가 되기 위해 태어났다는 신현득 선생님 말씀을 나는 한 치의 의심 없이 믿었고 믿음대로 노력하였으며 그 결과 대상을 차지했다. 결국 나는 수상소감을 말하는 단상에 서서 신현득 선생님께서 나에게 해 주셨던 이야기를 전했다. 그 말씀이 진실인 줄 알았는데 늦깎이로 공부하는 나에게 힘주시려는 격려의 말씀이었다는 것을 여기 수상식장에 와서야 비로소 알게 되었다는 이야기였다. 사람들의 웃는 표정이 눈에 들어왔다. 부끄러웠지만 남들처럼 멋진 말 한마디도 할 줄 모르는 내가 유일하게 할 수 있는 말은 사실밖에 없었다.

나는 세 편의 동화를 투고했었다. 그 세 편의 동화가 모두 최종심에 올랐다는 것은 예심을 맡았던 어느 작가를 통하여 알게 되었고 그 세 편 중에서 「동생과 색종이」가 단편동화 부분에서 대상작이 된 것이다. 「동생과 색종이」는 우리 아이들의 일상에서 소재를 얻어 작품으로 형상화한 것인데 꿈같은 일이, 동화 같은 일이 현실에서 일어나고야 말았다.

그 상을 계기로 나는 MBC 금성 동화문학회 회원이 되었고 그해 여름 세미나에 참석하게 되었다. '안데르센 무엇이 문제인가'라는 제목의 세미나였는데 나는 또 깜짝 놀랐다. 내가 그렇게 좋아하는 안데르센의 동화에 도대체 무슨 문제가 있다는 것인가. 나는 발표하는 사람과 질의하는 사람들의 이야기를 귀담아 들었다. 공부해야겠구나, 1박 2일의 세미나가 진행되는 동안 내내 내가 한 생각은 처음도 끝도 공부해야 한다는 생각뿐이었다. '작가'라는 이름을 감당하려면 그 길밖에 없었다. 그도 그럴 것이 남들은 어린 시절부터 작가의 싹을 가지고 있었는데 나는 소나 몰며 냇가에서 자랐으니 어찌 같을 수 있겠는가. 또한 거기 모인 사람들 중에서 고등학교 학력의 소지자는 나밖에 없었다. 결국 여름 세미나에서 열등감만 잔뜩 안고 돌아온 나는 체계적인 공부부터 할 궁리를 하였다. 그런데 서산으로 내려가야 한다.

97년 여름 나는 남편을 따라 서산으로 내려왔다. 서산에 내려오자마자 맨 처음 한 것이 남편의 사업을 도운 것이 아니라 문학지를 뒤지는 일이었다. 한 수 배울 수 있는 사람을 찾겠다는 마음에서였다. 그때 《흙빛문학》이라는 동인지를 보았고 거기에서 임명희 선생님을 찾아냈다. 그분의 글을 대하는 순간 한 수 배울 수 있는 분이라는 생각이 들었다. 후에 문예진흥원에서 창작지원금을 받아 『신나는 호주머니』, 『들꽃의 보폭으로』의 수필집을 내신 분이기도 한데 처음 그분의 글을 발견했을 때 얼마나 기뻤는지 모른다. 가까이 하고 싶은 분이며 한 수 배울 수 있는 분이라는 생각에 그 자리에서 전화를 하였다. 그분은 흔쾌히 받아 주셨으며 나는 《흙빛문학》의 동인이 되었다. 지금도 그분과의 교류를 통하여 가끔씩 위안도 받고 영감도 얻는다.

또한 그때 신문 속에서 한서대학교 사회교육원에서 문예창작 지망생을 모집하는 전단지를 발견하였다. 사회교육원에 문예창작 과정이 있다면 문예창작학과가 있을 터 나는 한서대학교에 전화를 걸었다. 그리고 또 전화로 소설가 윤흥길 선생님을 만났다.

윤흥길 선생님은 문예창작학과에 들어가고 싶어하는 내게 수능시험을 보아야 한다고 하셨다. 그런데 나는 도저히 그럴 수가 없었다. 고등학교를 졸업한 지 20년이 되었다. 그런 내가 이제 와서 어떻게 고3 수험생들과 나란히 수능시험을 본단 말인가. 그것도 공부를 잘했던 사람도 아니고 인문계 고교를 나온 사람도 아닌데 말이다. 그러나 윤흥길 선생님께서는 내가 특기생으로 입학할 수 있기 때문에 수능시험을 좀 못 봐도 괜찮다고 하셨다. 그러나 그것도 정도가 있는 것이지 그분이 못 봐도 된다는 수준은 내게는 하늘처럼 까마득하게만 느껴졌다. 주저주저하는 나에게 윤흥길 선생님께서는 또 할 수 있다고 용기를 주셨다.

결국 나는 수능시험 원서마감 이틀 전에 모교인 대전여상으로 달려갔다. 그러고는 원서를 썼다. 내가 그렇게도 공부를 못했던가. 학적부를 떼어 본 순간 또 놀라지 않을 수 없었다. 그리고 공부를 할 수 없었던 아픔의 시간들이 밀려왔다. 참 많이 아팠던 시간이었다. 성적으로도 도저히 용기를 낼 수 없는 수준이었는데 그렇다고 여기까지 와서 물러설 수도 없는 일이었다. 모든 걸 운에 맡기고 그해 11월 나는 수능시험을 보기 위해 아침 일찍 서둘러 서산여자중학교로 향했다.

나는 서산여중과 여고가 함께 있는 줄 알고 서산여고 교문으로 들어갔다. 그러고는 뒤에서 주춤주춤, 눈치를 살폈다. 시험시간이 다가오는데도 안내표지판에는 내 번호가 설 자리는 보이지 않았다. 할 수 없이 안내하는 선생님께 수험표를 내밀었다. 내 수험표를 본 선생님은 여기는 여고이니까 담 너머에 있는 여중으로 가라고 하셨다. 아뿔싸, 서산여고와 서산여중이 함께 있는 줄 알았는데 담 하나를 사이에 두고 교문을 따로 쓰고 있었던 것이다.

서둘러 여중으로 달려갔을 때 수험생들은 이미 입실을 마친 상태였다. 헐레벌떡 내 수험번호가 적힌 교실을 찾아 들어갔다. 드르륵 문을 연 순간 수험생들은 앉은 자리에서 자세를 가다듬으면서 나에게 집중하였다. 차려 자세로 등을 꼿꼿이 펴는 아이들은 시험 볼 준비를 하는 것이었다. 내가 감독관인 줄 안 것이다. 서른여덟 살의 아줌마가 들어서는데 누가 수험생이라고 생각하겠는가. 한꺼번에 쏟아지는 학생들의 시선을 받으며 내 번호가 적힌 책상을 찾아 들어가는데 왜 그렇게도 떨리고 부끄럽던지 그날의 화끈거림이 아직도 전해진다.

시험이 시작되자 또다시 신기한 일이 벌어졌다. 그것은 내가 본 98년도 수능시험이 예년과 다르게 쉽게 출제된 것이다. 그때는 언어영역이 120점이 만점이었다. 언어영역의 시험이 시작되는 첫 시간 문제지를 받아 든 나는 깜짝 놀랐다. 이게 어찌 된 일일까. 고등학교를 졸업한 지 20년이 되는데 모르는 문제가 거의 없었다. 이제 생각해 보면 하늘이 내게 주는 기회였던 듯싶었다. 남편을 돕겠다고 서산으로 내려온 내가 대학교에 입학하게 되었다니, 이런 길이 예비되어 있었다니, 나는 외경심으로 하늘을 우러렀다.

만학도의 자리 지키기

아이더러 우리 같은 1학년이니 서로 돕자고 했다.

아이가 빙그레 웃으며 엄마, 걱정 마세요, 한다.

이 아이는 어쩌면 이토록 천사를 닮았을까…….

윤흥길 선생님과의 만남을 앞에 놓고 나는 두어 달 전부터 잠을 설쳐야 했다. 등단은 해 놓고 그 이름을 감당하기가 버거워서 쩔쩔매고 있을 때 윤흥길 선생님을 만날 수 있다는 것은, 그분의 제자가 될 수 있다는 것은 나에게 구세주를 만나는 것과 같은 의미였기 때문이다. 더군다나 대학에서 학생 신분으로 돌아가 교양과목부터 시작해서 꼼꼼히 문학을 공부할 수 있다는 것은 가슴 벅찬 일이었고 축복이었으며 환희였다. 연구실 앞에 섰을 때의 흥분과 설렘과 떨림, 커피를 내리면서 인자하게 미소 짓던 선생님의 모습은 지금도 생생하다.

그렇게 해서 나는 98년도에 한서대학교 문예창작학과 1년생이 되었다. 엄마가 대학교에 입학한다고 하니까 아이들이 제일 좋아했다. 밥도 알아서 먹고 다닐 것이고 공부도 알아서 할 것이니 이제부터 엄마도 학교나 잘 다니고 공부나 잘히란디. 남편과 아이들 모두 나의 든든한 응원군이었다. 그때 쓴 「입학식」이라는 수필이다.

🌳 입학식에서

투명한 햇살이 운동장 가득 모였다. 가슴이 설렌다. 서른아홉 살의 신입생이 쭈뼛쭈뼛 '문예창작학과' 라고 쓰여 있는 팻말을 몇 번이고 확인한 다음 그 줄 맨 끝에 가 선다. 합격했다는 소식을 윤흥길 선생님으로부터 들었을 때 며칠 동안이나 잠을 설쳤다. 오랫동안 꾸어 왔던 꿈이 현실로 이루어진 것인데도 꿈만 같다. 여상을 다닌다는 이유로 대학을 목표로 최선을 다해 공부해 본 적이 없다는 것, 그래서 무지한 엄마가 되었다는 것, 그것에 대한 끊임없는 갈증이 오늘 나를 이 자리에 서게 했는지도 모른다.

고등학교 3학년이면 다 하는 입시 공부를 나는 해 보지 않았다. 대학에 들어가야만 한다는 것이 아니라 그것을 목표로 최선을 다해 볼 수 있는 기회가 없었다는 것, 나는 공부를 한다면 얼마나 할 수 있을까. 자신의 능력을 알 수 있는 기회가 주어진 친구들이 부러웠다. 대학 입시공부 대신 주산과 부기, 타자를 공부하고 대학 입학원서 대신 회사의 입사 지원서를 써야 했던 나는 밤새워 공부하는 친구들을 동경했다. 늦은 밤까지 타자기 앞에서 자격증을 따기 위해서 자판을 두드리고 주판알을 튕겨 가며 수많은 숫자들과 씨름할 때 대학입시를 위해 밤을 새워 공부하며 코피를 쏟는 아이들이 부러웠다. 결과야 어찌 되었든 대학교에 기기 위해 최선을 다했다면 그 시간만큼은 값진 것이리라. 내 딴에는 청년기를 직장인으로 열심히 살았다고 자부하면서도 왜 그 부분에 가면 유독 짙은 그늘을 드리울까.

결혼 전 남편과 데이트할 때 대학원에 다니면서 조교로 있는 그에게 형이라 부르며 따르는 학부생들이 부러웠다. 가끔씩 드나들던 그의 연구실에서 사회인의 모습으로 여유 있는 척 미소를 띠며 나와 같은 또래의 그들을 바라보아야 하는 내 가슴엔 하나씩 물집이 잡혀 갔다. 조교에게 늦은 리포트를 제출하며 계면쩍은 미소를 머금는 그들을 보면서 나도 리포트를 쓰고 싶었고, 최루탄 가스에 눈물을 흘리며 전경들에게 쫓기는 그들을 보고 나도 그들과 함께 쫓기고 싶었다. 학교 주변의 샛노란 개나리, 한강을 배경으로 펼쳐지는 젊음과 낭만과 자유, 자신들의 가치관에 따라서 정열을 쏟아내는 그들을 바라보면서 한 집안의 살림을 걱정하고 동생들의 학비를 마련해야만 했던 나는 가슴에 생긴 물집이 터지는 쓰라림을 남몰래 삭여야 했다.

바람이 분다. 이틀 후면 초등학교에 입학할 작은아이가 운동장에 정렬한 내게로 뛰어온다. 아이의 볼이 유난히도 보드랍다. 엄마 손이 많이 필요할 텐데, 아이더러 우리 같은 1학년이니 서로 돕자고 했다. 아이가 빙그레 웃으며 엄마, 걱정 마세요, 한다. 이 아이는 어쩌면 이토록 천사를 닮았을까.

아들 둘을 가르치느라 딸에게 희생을 강요해 미안하다며 키우던 송아지를 팔아서 등록금을 마련해 준 일흔일곱의 아버지가 떠오른다. 마음 같아선 졸업할 때까지 학비를 대 주고 싶지만 이제는 빈손뿐이라며 당신의 처지를 못내 안타까워하다.

왜 이다지도 쑥스러운 것일까. 스무 살의 앳된 모습들이 일곱 살배기 아이를 앞세우고 서 있는 나를 바라본다. 수능시험 볼 때도 그랬다. 머뭇거리다가 시간이 임박해서 교실 문을 열고 들어가니 웅성거리던 아이들의 시선이 내게로 쏠린다. 감독관인 줄 아는 것이다. 그 시선들 속에서 내 번호가 적힌 자리를 찾아 들어가는데 어찌나 쑥스럽던지.

수능시험장 앞까지 태워다 주고 때맞춰 점심을 챙겨 주던 두 살 위의 언니 모습도 떠오른다. 나를 불러 곁에 살게 하고 궂은 일, 힘든 일 모두 방패막이가 되어 주는 언니. 나이 들어 학교 가겠다는 나를 보고 공부가 지겹지도 않느냐며 주책이라는 농을 던지던 언니의 얼굴은 흐뭇한 미소로 가득했다. 자기들이 못한 한을 풀어 달라며 격려해 주던 두메산골 고향 친구들, 언니가 대학 가는 데 한몫 거들고 싶다던 막내 동생은 끝내 나를 울렸다.

내가 너무 긴장했는가 보다. 아이가 제 아빠와 나 사이를 오락가락하며 메시지를 전해 준다. 내가 서 있는 모습이 안쓰러웠는가 보다.

"엄마, 아빠가 다리에 힘주지 말고 편하게 서 있으래요."

불편한 몸으로 며느리 입학식에 오신 시어머님이 어떻게 하고 계시는지 돌아다보아야 할 텐데 엄두가 안 난다. 나보다 늦게 도착해 뒤에 정렬하고 있는 신입생들의 시선과 부딪칠 용기가 없는 까닭이다.

모든 것에는 때가 있는가 보다. 이렇게 서 있기도 힘겨운데, 이곳에서 내가 문학을 공부하며 진리를 탐구할 수 있을 것인가. 십 년이면 강산도 변한다는데 저 아이들과 나 사이의 이십 년 격차를 어떻게 메울 것인가. 이미 부르튼 물집은 터져서 더 단단한 굳은살이 박인 그 자리에 나는 새삼스레 무얼 심으려는 걸까.

평소 글을 통해 존경해 오던 분을 스승으로 모시게 되었으니 얼마나 행복하냐, 삶이 무엇인지 조금은 아는 나이에 대학에 들어왔으니 스무 살의 아이들보다 좋은 조건이 아니겠느냐, 4년 동안 공부해서 내 아이들 앞에 좀 더 자유로울 수 있다면 더 이상 바랄 게 무엇이냐며 투명한 햇살 속에 축사를 하시는 총장님을 바라본다.

3월, 신선한 공기에 가야산의 정기가 느껴진다. 다리엔 아직도 빳빳이 힘이 들어가고 새내기 아줌마의 가슴은 고동친다. 아직은 쌀쌀하지만 저 깨질 듯이 투명한 3월의 햇살, 그 햇살 아래 생명 있는 모든 것들은 이제 곧 새싹을 틔우고 꽃을 피우고 열매를 맺을 것이다. 새싹을 틔우고 꽃을 피우는 데는 어린 나무든 늙은 나무든 차이가 없다. 살아 있는 모든 것들은 봄의 향연에 동참한다.

1998. 3.

수능시험 본 다음날, 유성온천으로 목욕을 가셨던 어머님이 쓰러지셨다. 동행했던 분으로부터 전화를 받고 서산에서 대전까지 가면서 별일이 없기를 빌고 또 빌었다. 어머님은 절대안정을 취해야 하는 상황이었지만 염려했던 것보다는 양호했다. 우리는 어머님을 대전대 한방병원으로 옮겨 입원시켜 드리고 치료를 시작했다. 뇌경색으로 왼쪽 몸에 마비가 온 것이다. 그 길로 나는 쭉 병원에 있으면서 어머님을 간호했다. 학교에 다니는 아이들은 옆동에 사는 언니에게 부탁하고 3주간을 아버님과 교대하면서 꼬박 어머님 곁을 지켰다.

이상한 것은 어머님을 일으켜 드리고 눕혀 드리는 것은 힘들었지만 대소변은 물론 모든 병수발을 드는데 냄새가 난다거나 더럽다는 생각이 들지 않았다. 어머님께서 어느 정도 안정을 찾았을 때 나는 누워 계신 어머님과 많은 이야기들을 나누었다. 틈나는 대로 어머니의 마비된 팔과 다리를 주무르면서 몸이 회복되기를 기도하였고 이야기를 나누면서 어머니의 나약해진 마음이 강해지기를 기도하였다.

대학교에 가고 싶어서 수능시험을 보았는데 어머님께서 일어나셔야 다닐 수 있다는 이야기를 비롯하여 대학교에 다니면 어머님이 예뻐하는 손자 손녀를 잘 키울 수 있다는 이야기까지 하면서 어머님께 도와달라고 하였다. 어머님께서 완쾌하셔야만 가능한 일이라는 이야기였다.

어머님은 걱정 말라고 하셨다. 며느리가 한 달 가까이 아이들만 집에 두고 당신 곁에서 간호하는 것도 미안해 하셨다. 나는 어머님의 컨디션이 좋아질 수 있는 일이라면 무엇이든지 하였다. 병에 대한 어머님 의지의 대단함도 지적하였다. 어머님의 손을 잡고 걸음마를 연습시키면서 첫 발짝을 떼었을 때는 기어 다니는 아이가 첫 발짝을 떼었을 때처럼 기뻤다. 물론 첫 발짝을 떼는 아이에게 했던 것처럼 그렇게 어머님의 걸음마를 칭찬하였다. 어머님은 아기처럼 좋아하셨다.

병원에서는 모두들 내가 시어머님의 딸인 줄 알았다고 한다. 실제로 병원에 머물면서 간호하는 사람들 중에는 며느리는 한 사람도 없었다. 간호하는 사람들은 환자의 남편이거나 아들이거나 혹은 딸이었고 며느리들은 손님처럼 왔다가 갔다. 그런데 나는 그럴 수 없었다. 왜냐하면 남편이 외아들이기도 했거니와 멀리 떨어져 살았기 때문에 모시고 살 수 있는 환경도 아니었다. 집 근처에 괜찮은 병원이라도 있으면 모셔가련만 시골이다 보니 마땅한 병원도 없어 그럴 처지도 아니었다. 결국 어머니가 빨리 일어나 주셔야만 내 자리로 돌아갈 수 있었다. 나는 어머니의 완쾌를 바라면서 최선을 다했다.

겨울날 아침에 병원으로 출근하면 저녁에 아버님과 교대를 하여 퇴근하였다. 집에서는 시누이가 왔다 갔다 하면서 어머님께 드릴 곰국을 끓이기도 하고 나와 아버님의 밥을 해 주기도 하였다. 그때만큼은 한 가족이 한 몸이 되었던 것 같다. 물론 내 몸도 시원치 않는 상황에서 겨울 날씨는 춥고 힘들었다. 며칠 지나자 무릎관절에 이상까지 생겨 절뚝거리며 다녀야 했다. 그러나 온 가족이 최선을 다해 간호한 결과 어머님은 3주 만에 걸어서 퇴원할 수 있었다. 무리한 탓에 나는 관절염이란 새로운 병을 얻었지만 그것은 어머님이 다시 정상적인 생활을 할 수 있게 된 것에 비하면 아무것도 아니었다.

덕분에 3월이 되어 나는 대학교에 입학할 수 있었고 어머님께서는 내게 옷 한 벌을 사 주셨다. 나는 시어머님께서 사 주신 새옷을 입고 입학식에 참석하였고 어머님은 불편한 몸으로 며느리의 입학식을 보기 위해서 먼 길을 오셨다.

그렇게 하여 입학은 하였으나 막상 다니려니 공부하는 방법도 모르고 체력도 없어 힘들었다. 내 나이 또래의 교수님이나 혹은 연배나 연하의 교수님들이 가르쳐 주시는 학문의 세계. 나는 적어도 나이 값은 해야 한다는 생각을 가지고 있었다. 그런데 교양 필수로 들어야 하는 영어나 컴퓨터는 정말 힘들었다.

영어를 수강할 때 교수님은 리포트 대신 한 사람씩 일어나 교재 한 장씩을 읽고 해석하라고 하였다. 번호대로 시작되었는데 나는 교수님이 출석 부르는 것을 적어서 내 순번을 기억해 두었다. 그러고는 내가 읽고 해석해야 하는 부분을 계산하여 앞뒤로 한 장씩을 더 연습하였다. 혹시 안 나오거나 끼어들 학생들을 위해 그만한 준비는 해 두어야 했다. 남편의 도움을 받아 발음연습도 하고 자신 없는 발음은 책에다 적어 놓기도 하였다. 물론 해석도 적어 놓았다. 그러고는 읽는 연습을 한 50번쯤은 했던 것 같다.

막상 내 차례가 되었을 때 교수님은 내 이름을 건너뛰고 다음 번호의 학생을 시키는 게 아닌가. 아뿔싸, 그렇게 되면 나는 연습하지 않은 장을 읽고 해석해야 하는 불상사가 생기는 것이다. 나는 기필코 내가 연습한 장을 읽고 해석해야만 한다. 할 수 없이 나는 손을 번쩍 들어 다음이 내 차례임을 밝혔다. 그렇게 해서 무사히 연습한 장을 읽을 수 있었고 해석할 수 있었다. 어찌나 연습을 많이 했던지 목소리도 또렷하게 해석도 정확하게 아주 잘했던 것 같다. 결국 교수님은 학생들에게 박수를 유도해 내셨다. 영문법의 기본도 모르는 만학도의 공부법은 그냥 무식하게 외울 수밖에 없었던 것이다.

그런가 하면 '교육심리학'이나 '인간관계 심리학', '정신건강'이나 '부모교육' 같은 과목을 수강할 때는 배우는 것들을 즉시 현실 생활에 반영하였다. 쏙쏙 머리에 들어오는 것이 너무도 신기하였다. 교육심리학에서 '줄탁동시 교육'을 배울 때는 그동안 아이 키워 오던 방식을 떠올리며 아이들의 반응을 기억해 보니 이해가 빨랐다. '피그말리온 효과'를 배우면서 사랑의 놀라운 힘을 알았고 아이들을 대할 때 어떻게 해 왔는지, 해야 하는지를 알 수 있어 강의실에서 나오면 나는 배운 것들을 내 아이들에게, 독서지도를 하는 아이들에게 적용하려고 노력하였다.

줄탁동시 교육은 알을 품고 있는 어미 닭의 이야기에서 차용한 이론이다. 어미 닭이 알을 품으면 알 속의 생명은 자라 병아리가 되어 간다. 병아리는 다 자라 껍질을 깨고 나올 때가 되면 알 속에서 우는데 이때 품고 있던 어미 닭은 알 속에서 우는 소리를 듣고 껍데기를 쪼아 주어야 한다. 어미 닭이 알껍데기를 쪼아 틈새를 만들면 안에 있던 병아리는 나머지 껍데기를 깨고 밖으로 나오게 된다. 그런데 어미 닭이 기다리지 못하고 알 속에서 병아리가 울기도 전에 밖에서 쪼아 껍데기를 깨어 나오게 되면 그 병아리는 비실거리게 된다. 즉 때에 맞는 교육을 강조하는 것으로 아이가 무엇인가를 원하는 때를 기다렸다가 공급해 주어야 한다는 이론이다. 그러니 조기교육이다 해서 아이가 원하기도 전에 이런저런 것들을 시키게 되면 부작용이 생기는 것은 당연한 것이다.

피그말리온 효과는 목각인형을 사랑한 피그말리온 왕에 대한 로마 신화에서 차용한 교육학 이론이다. 피그말리온 왕은 목각으로 만든 아름다운 여인상을 사랑해서 결혼도 하지 않았다. 목각인형을 어찌나 사랑했는지 끝까지 결혼을 하지 않자 그 사랑에 감복한 아프로디테가 목각인형에 생명을 불어넣어 주었다. 이것은 끝없는 사랑의 생명력을 의미하는 것으로 아이들을 사랑으로 가르치면 변하게 되고 자라게 된다는 것을 의미한다. 이러한 강의는 듣는 즉시 바로바로 생활에 적용시키려고 노력하였다. 내가 아이들을 키우고 있기 때문이기도 했고 다른 아이들에게 독서지도를 하고 있기 때문이기도 했다.

'부모교육'을 수강할 때는 처음에 망설였다. 왜냐하면 교과목이 '부모교육'인데 나 정도라면 괜찮은 부모이지 않을까 하는 자만심 때문이었다. 그러나 막상 수강하고 보니 정말 내가 부모인가, 아이 둘을 낳고 키우는 부모로서 자격이 있는가, 어이가 없었다. 나의 양육법은 실수와 모순덩어리였다. 부모는 부모로서 갖춰야 할 것들이 무척 많았다. 몸을 낳았고 먹여서 키웠다고 부모의 도리를 다한 것이 아니었다. 무식하면 용감하다는 말은 내 경우에 딱 들어맞는 것 같았다. 그런 나의 실수와 모순 앞에서 약자인 아이들은 말없이 견뎌 왔다는 것을 나는 그 강의를 통해 돌아볼 수 있었다. 교육심리학이나 부모교육을 수강하는 동안 엄마이며 동화작가인 대학 1년생은 깨닫는 게 많았다. 어찌나 유익했던지 다음 학기에 그 교수님의 강의를 또 찾아듣기도 하였는데 그러다 보니 교육학에서는 심리학을 먼저 듣고 개론을 나중에 듣는

일까지 생겨 교수님께 놀림을 받기도 하였다.

인간관계 심리학이나 정신건강을 통해서는 동업하면서 일어나는 남편과 형부와의 갈등의 원인을 분석하기도 하였고 해결의 실마리를 찾기도 하였다. 아쉬웠던 것은 내가 수강한 이론들을 실천하는 것은 나에게만 국한된다는 점이었다. 그들 동업자의 삐걱거림의 원인을 알지만 나로서는 어찌해 볼 도리가 없었던 것이다.

학부를 다니면서 영어나 컴퓨터 등의 교양필수 과목이나 소설, 시, 희곡, 시나리오, 수필에 구성작품까지 써야 하는 전공필수 과목에서는 힘들었지만 아동심리나 교육심리 등을 비롯한 교양 선택 과목에서는 재미있고 유익한 것들이 많았다. 돌아보면 한서대학교에는 멋있고 훌륭한 교수님들이 정말 많다. 그런 교수님들의 모습을 보면서 나도 실력 있고 품위 있는 사람이 되기로 하였다. 그렇게 학부 4년 동안 많은 과목을 수강하면서 더러는 혼자 설레는 일도 있었다.

선택과목은 쉽고 재미있었지만 교양필수 과목이나 전공필수 과목은 힘들었다. 공부하는 법도 몰라 힘들었지만 가정 일만 해도 남편이나 아이들이 도와준다고는 하여도 주부로서 할 일이 많아 도무지 공부할 시간이 허락되지 않았다.

게다가 사업을 시작한 남편을 돕는답시고 학비는 물론 생활비까지 내가 벌어서 쓰기로 약속을 한 터였다. 나는 하는 수 없이 아이들에게 도와달라고 하였다. 초등학교 5학년인 큰아이는 1학년인 동생을 돌봐주기로 하였는데 그래도 대학생이 되어 공부하는 주부의 발목을 붙잡는 것들은 헤아릴 수 없이 많았다.

그중에 하나가 학교에 다니면서 학비와 생활비를 벌기 위해서 독서지도를 하러 다니는 일이었다. 독서지도는 모둠별 과외수업으로 진행하여 학생들을 순번으로 찾아가면서 가르치는 형식이었는데, 짧게는 일 년, 길게는 3~4년 그들 집을 방문하여 아이들을 가르치고 주부들을 대하다 보니 주부의 성향에 따라 아이들 성품이 확실하게 구별된다는 걸 알 수 있었다. 주부의 모습은 너무나도 선명하게 아이의 모습을 닮도록 만들어 내고 있었는데 마치 하나 더하기 하나가 둘인 답처럼 정확하게 닮아 있었다. 아이들과 글을 쓰고 난 뒤 어머니와 이야기를 나누어 보면 모자간에는 외면도 닮아 있었지만 그보다도 어머니의 가치관이나 세계인식의 방법에 따른 내면은 더 많이 닮아 있었다. 사랑으로 충만해 편안해 보이고 대견스러워 보이는 모자가 있는가 하면 불안하고 염려스러워 보이는 모자도 있었다. 편안해 보이는 모자나 불안해 보이는 모자나 서로가 원인과 결과로 얽혀 있음도 알 수 있었다. 어머니와 아들, 서로가 원인과 결과로 얽혀 있다면 편안이나 불안의 열쇠는 분명 어머니가 쥐고 있다고 보아야 할 것이다.

모자간에 편안한 어떤 집안은 곳곳이 아이들을 위한 배려로 이루어져 있음을 알 수 있었다. 그런 어머니가 꾸며 놓은 정갈한 집 안과 식탁 위 사랑으로 가득한 간식과 발소리 낮춰 가며 모둠의 아이들을 자기 자녀 대하듯 하는 어머니의 태도는 존경스럽기까지 했다. 그런 집 안에서는 선생님 몫의 간식조차 정성이 가득함을 알 수 있었는데 나는 목이 메어 손을 댈 수가 없었다. 서둘러 등교하느라 치우지도 못하고 나온 집 안에서 언제쯤 엄마의 인기척이 날까 귀를 세우고 있을 기다림에 지친 아이들이 떠올랐기 때문이다. 내 아이들 곁에 있어야 할 저녁 시간에 나는 다른 아이들을 찾아다니면서 그렇게 독서지도를 하였다. 돈을 벌어 생계에 보탬이 되려고 했던, 나름대로는 최선을 다한답시고 돌아다녔던 시간, 엄마로서 무엇이 진정으로 소중한 것인지 잊고 있었던 아픈 시간이기도 했다. 남편은 나름대로 집에 돌아오면 나에게 미안해 하면서 집안일을 도와주기도 하였으나 동업으로 시작한 사업이 뜻대로 되지 않아 마음고생이 심하였다.

만리포에서

만리포의 등대 아래다. 길게 누워 있는 방파제는 낮 동안 뜨뜻이 달궈져서 안성맞춤의 앉을 자리다. 방파제에 앉아서 바라보니 잔잔한 해수면은 햇빛에 반사되는 느티나무 잎사귀처럼 몸을 떤다. 물결을 따라서 커졌다 작아졌다 일렁이는 일몰의 그림자는 내 마음의 촛불이 되어 흔들린다. 빛깔이 곱다. 저렇게 물들 수 있었으면 좋겠다. 잔잔히 물결치는 붉음에 고개를 드니 바다 끝으로 탁구공만한 태양이 동동 떠 있다.

세상을 달구던 태양, 드넓은 하늘을 건너왔던 뜨거움은 어느덧 사라졌고 이제는 톡 치면 멀리 날아날 것 같은 탁구공만한 붉음 한 점만 남았다.

만리포의 물빛은 내가 찾아올 때마다 다르다. 빛깔에 따라 의미도 달라진다. 오늘처럼 잔잔하고 아름다워서 푸근하게 느껴질 때가 있는가 하면, 해수면에 촉촉이 빗방울이 떨어지기라도 하는 날에는 마음도 잔잔해지고, 심하게 파도치는 날에는 그 시퍼런 움직임에 불안해진다.

등대 아래서 바닷물을 바라보고 앉아 있노라니 상선약수(上善若水)라는 말이 떠오른다. 상선약수, 깊은 산속, 한 잔의 술과 같은 양에서 시작된 물은 도랑을 지나 계곡으로 흐르고, 계곡을 지나 강으로, 바다로 흐른다. 그렇게 흐르면서 때로는 웅덩이를 만나기도 하고 때로는 앞을 가로막는 커다란 바윗돌을 만나기도 한다. 그때마다 물은 빈 웅덩이는 채워 주고 흐르고 바윗돌을 만나면 비켜서라고 소리치지 않고 옆으로 돌아서 흐른다. 낮은 데로 낮은 데로 흘러간다. 여울목을 만나 소용돌이치기도 하고 급경사를 만나 곤두박질하기도 하면서 낮은 데로 간다. 그렇게 흐르면서 산과 들을 지나 큰 강에 이르고 바다에 이른다.

상선약수는 사람이 살아가는 데 가장 바람직한 삶이 물의 흐름과 같은 것이라는 노자의 사상이다. 세상을 살다 보면 우리는 많은 것들에 부딪힌다. 그것들로 인하여 힘들어하고 아파한다. 욕망에 눈이 어두워 빈 웅덩이를 만나도 덜어 주지 않고 앞을 가로막는 바윗돌을 만나도 돌아가기보다는 온몸으로 부딪혀 싸우려고 한다. 급할수록 돌아가야 하고, 지는 게 이기는 것이라는 역설의 진리는 문장으로만 알 뿐 현실은 몸으로 부딪힌 다음에야 비로소 깨닫는 것이다. 일찍이 깨지고 다칠 것을 알아서 돌아서 갈 줄 알고 질 줄도 안다면 얼마나 좋을까.

잘 다니던 대기업의 개발 팀장 자리에 용감하게 사표를 던지고 사업을 히겠다는 남편을 따라 이곳으로 내려온 지 햇수로 3년째다. 월급쟁이의 변함없이 반복되는 생활에서 안정을 느끼기보다는 권태롭다는 생각이 들 무렵, 남자로 태어나 평생을 남의 회사에 붙박이기보다는 내 사업을 해야 하지 않겠느냐는 남편의 말에 따라 이곳으로 왔다. 가끔씩 동창회나 무슨 모임에서 사업을 한다는 친구들의 자신감 넘치는 행동들을 볼 때마다 평소 존경해 오던 남편에 대한 내 시선이 우물 안 개구리의 시선이라는 생각이 들 즈음이기도 했다.

회사를 설립하고 꿈에 부풀어 걸음마를 시작했을 때 경제 한파가 몰아닥쳐 된서리를 맞았다. 환상적인 커플이라며 동업으로 시작한 사업은 삐그덕거렸고 자신도 모르는 사이에 서로에게 상처 주고 상처 받는 과정을 거듭했다. 어려운 환경일수록 서로 이해해야 한다는 것은 이론뿐이고 현실은 기업도 사람도 허물어지게 하였다.

서로 살 부비고 사는 부부도 신혼의 단꿈이 물러갈 즈음이면 트러블이 시작되는데 하물며 사십여 년을 서로 다른 환경에서 살다가 이해타산을 가지고 만난 사람들이 조화를 이룬다는 것이 쉽지는 않을 게다.

힘들어하는 모습을 바라보는 것도 힘들기는 마찬가지였다. 쉬 아물 것 같지 않은 너덜너덜해진 생채기를 끌어안고 들어와 쓰러지는 남편을 바라보며 그의 여림을 탓하기도 했고, 집착으로부터 도망가자는 생각이 들기도 했다. 그러나 그동안 쏟아 부었던 열정과 시간, 그 모든 것들에 대한 미련이 쉽게 놓아주질 않는다.

어느 순간, 이기와 집착으로 인하여 사람마저 잃게 될지도 모른다는 두려움이 급습했다. 돈을 잃는 것은 작은 것을 잃는 것이지만 건강을 잃는 것은 전부를 잃는 것이라는 말을 굳이 떠올리지 않더라도 그쯤이면 지치고 지쳐 버틸 수 있는 에너지가 고갈된 상태였다.

세상에 공짜로 주어지는 것은 하나도 없음을 실감한다. 회사를 설립하고 문을 닫기까지의 과정을 지켜보면서 참으로 많은 인생의 이면을 배운다. 말미암아 일어난다는 붓다의 가르침도 깨닫고, 현상을 바라보는 인식의 차이가 어떤 결과를 초래하는지도 보았다. 많이 힘들었지만 그 고난 없이 어찌 삶의 소중함과 행복을 알 수 있었으랴.

고통으로부터 벗어난 마음이 깃털 같아 날아오를 듯하다. 빈 웅덩이를 채우지 않고 어떻게 지날 수 있으랴. 우리가 떠날 때 가져갈 수 있는 것은 덕과 업뿐이라 했다. 그런데도 영원히 살 것 같은 욕망에 모든 걸 움켜쥐려고만 한다. 물의 흐름처럼 덜어 줄 줄도 알고 돌아갈 줄도 아는 배려와 지혜가 있었더라면 그것은 덜어 주는 것이 아니라 얻는 것이요, 더디 가는 것이 아니라 빨리 가는 지름길이었을 텐데……. 바다에 와서 많은 걸 깨닫는다.

바다에 넘실대던 붉음이 사라지자 바다는 서서히 어둠을 받아들인다. 붉음도 어둠도 작열하는 태양도… 바다는 말없이 다가오는 것들을 품는다.

태양이 사라지고 난 서쪽 하늘이 능소화가 만발한 듯 붉게 물들었고 마주하고 있는 바다 위의 고기잡이배가 평화로이 떠 있다. 저렇게 가득 차 아름다울 수 있는, 수많은 생명의 근원을 이루고 있는 저 바다를 이루는 것은 한 방울의 물이다. 그 한 방울의 물이 모여서 도랑에서 계곡으로 흐르고 계곡에서 강으로, 그리고 이곳 바다에 이르기까지는 부딪히고 깨지며 소용돌이치는 숱한 사연들이 있었을 것이다.

만리포 등대 아래에서 빈 몸으로 앉아서 바라보는 바다. 모든 것들이 아름답다. 고깃배를 안고 잔잔히 물결치는 수표면과 거기에 스멀스멀 내려앉는 어둠, 해변을 거니는 연인들의 모습과 아빠를 따라 달음질치는 꼬마의 모습까지 어찌 그리도 아름다울까.

바다의 연인이고 싶다.

1999. 7.

어떻게 밥을 해 먹고 다녔는지 아마도 배고픔만 없애기 위한 식단이었지 싶다. 엄마가 공부한다고 아이들은 모두 제 몫의 삶을 스스로 감당해 나갔다. 요일에 따라 조금씩 다르긴 했지만 대부분 내가 집에 들어오는 시간은 저녁 아홉 시가 되어야 했다. 그제야 아이들과 챙겨 먹는 저녁 식사는 내 손길을 기다리는 아이들의 배고픈 눈망울 때문에 제대로 해 먹을 시간이 없어 형편없이 초라하였다. 아침에 학교에 갈 때는 식탁 위에 고구마를 삶아 놓기도 하고 감자를 쪄 놓기도 하고 더러는 빵을 사 놓기도 하였다.

아이들은 그것으로 흡족하지 않았던지 가스 불 다루는 법을 비롯하여 라면을 끓이는 법과 계란 프라이 하는 법, 그리고 압력솥에 밥하는 것까지 가르쳐 달라고 한다. 아이들에게 가스 불을 다루는 법을 알려 줄 때는 두려움도 있어서 더 꼼꼼하고 철저하게 가르쳤다.

기특하게도 아이들은 투정 없이 건강하게 잘 자라 주었다. 큰아이가 학교에서 돌아오면 작은아이를 챙겼는데 학교 다닌답시고 헐레벌떡 뛰어다니던 시간에 방치되었던 아이들을 생각하면 미안하고도 마음 아팠다. 그런데 가만히 보니 아이들은 더러 내가 없는 시간에 만화책을 보기도 하고 텔레비전을 보기도 하면서 즐기는 것 같기도 하였다.

🌳 내가 지닌 향기는

늦게 공부한다는 것이 퍽이나 힘들게 생각되던 날이었다. 8교시까지 있는 강의를 마치고 아르바이트 삼아 하는 학생들의 독서지도까지 끝내고 나니 저녁 여덟 시 반, 종종걸음으로 집으로 돌아가 아이들과 대충 저녁을 해결하고 나니 밤 열 시다. 아침 일찍부터 시간에 쫓기며 허둥댔던 몸뚱어리는 채 돌아오지 않은 가장을 기다리지 못하고 침대 위에 짐짝 부리듯 던져지기를 희망한다.

불 꺼진 방의 침대 위에서 빙빙 도는 느낌으로 한없이 추락하고 있을 때 코끝을 자극하는 무언가가 있었다. 그것은 활동량을 견디지 못해 소용돌이치면서 깊은 수렁으로 침몰하고 있는 내 몸뚱어리를 거뜬히 건져 올리고도 남는 마력을 가지고 있었다.

이게 무슨 향기일까. 라일락 향 같기도 한 이 냄새의 근원은 어디일까. 라일락은 두 주일 전쯤 꽃이 졌는데, 아니, 만개했을 때에도 아파트 입구에 서 있던 라일락 향기는 내가 사는 14층까지 올라오기를 거부했었다. 그렇다면 이렇게 나를 황홀하게 만드는 이 향기의 정체는 무엇일까. 바쁘다는 핑계로 청소도 제대로 하지 못하고 사는

데, 도대체 이런 향긋함은 우리 집 어디에서 비롯된 것일까. 혹시 아이들이 놀다가 향수를 엎지른 것은 아닐까, 녹이 슬어 둔해진 머리를 아무리 굴려 봐도 도무지 잡히는 데가 없었다.

누웠던 몸을 일으켜 향기의 근원을 찾아 베란다로 나갔다. 베란다는 온통 향으로 가득해 발원지를 쉽게 찾을 수 없을 정도다. 깊고 맑은 소리로 나를 유혹했던 풍경이 인사동 거리에서 이사 와 창틀에 매달려 있는 것 빼고는 특별하게 달라진 게 없는 베란다의 모습이다. 고단함에 지쳐 쓰러질 것 같았던 몸뚱어리는 진한 향으로 마취된 듯 사뿐사뿐 화분 사이를 오가며 향기의 원인을 찾아내려 분주했다.

행운목이었다. 십삼 년 동안 키웠는데 볼품없이 키만 웃자라 중간을 잘라 작달막하게 심어 놓았었다. 그 행운목이 세월이 지나도 꽃한 번 피우지 않기에 홀대했었는데 얼마 전부터 맨 밑의 이파리가 누렇게 뜨기 시작하더니 꽃대가 올라왔다. 행운목이 꽃을 피우면 집안에 행운이 온다는 말 때문인지, 십삼 년 만에 처음 피는 꽃이라서인지, 아니면 홀대했던 화초여서인지 뚜렷이 구별할 수는 없었지만 여간 설레는 것이 아니었다.

나와 함께 산 지 십삼 년이 지나 처음으로 꽃을 피우는 것치고는 봉오리가 실망스러웠다. 넓적한 이파리나 꽃나무의 생김에 비해 꽃봉오리는 좁쌀처럼 작았다. 좁쌀처럼 작은 꽃 중에서도 은은하고 예쁜 산수유 꽃도 있는데, 행운목의 꽃봉오리는 몸통과는 전혀 어울리지 않는 허연 왕소금빛이었다.

그런데 이제 보니 그 작은 소금빛의 봉오리가 하나하나 열리며 그 속에서 1센티쯤 되는 꽃술 일곱 개가 나와 조그만 별 하나를 이루었고, 그 별 스물 대여섯 개가 모여 하나의 큰 꽃송이를 이루고 있었다. 불두화보다는 작았지만 같은 빛깔이었으며 그 향기는 우리 식구가 사는 넓은 집 안을 가득 채우고도 넘쳤다.

처음 꽃봉오리 맺는 모습을 보고 실망했던 내 모습이 어처구니없었다. 끝까지 지켜보지도 않고 다른 꽃들에 비해 밉다거니 작다거니 하면서 경망을 떨고 말았으니 말이다. 진즉에 봉오리를 가졌을 때 약간의 향기라도 풍겨 복선이라도 깔아 주었더라면 이런 경망스런 모습을 들키지는 않았을 텐데 행운목한테 얄팍한 마음을 들키고 나니 어째 자꾸만 미안해진다.

꽃나무는 좋은 환경에서도 꽃을 피우지만 또한 가장 열악한 환경에서도 꽃을 피운다고 하던 어느 시인의 말이 생각난다. 열악한 환경에 처하게 되면 나무는 종족 보존을 위해 마지막 남아 있는 힘을 다해 꽃을 피운다는 것이다.

그리고 보면 저 행운목 꽃은 나 사느냐고 바빠서 관심 한번 주지 않고 물도 제대로 주지 않은 탓에 피운 꽃이었다. 그동안 잎이 누렇게 떴던 것이 꽃을 피우기 위해 사력을 다하는 몸부림이었구나 생각하니 숙연해진다.

자연의 오묘한 이치였다. 계절에 따라 여기저기 아름답게 피는 꽃들은 그것을 즐기는 사람들을 위해서 피었던 것이 아니라 최선을 다해 열심히 살아가는 그 자신의 모습이었던 것이다.

며칠 전 문예창작학과 학생들과 함께 학교 뒷산인 가야산에 올랐었다. 정상을 향해 앞서 간 헤맑은 웃음소리의 여운을 잡고 나는 정상에 오르지 못함을 만회하려고 이리저리 숲을 기웃거렸다. 고사리도 꺾고 풋풋한 찔레순과 떨떠름한 칡 순도 꺾어 맛보며 군락을 이루고 있는 느릅나무 꽃과 보랏빛 하늘매발톱, 산부추, 부처꽃, 자란 등 자생하고 있는 야생화들을 보았다. 생김생김이 하나같이 다르고 꽃의 빛깔도 향기도 모두 달랐다. 모두 다 열심히 살아가는 모습이었다. 나무는 나무대로 야생화는 야생화대로 열심히 살아가는 생물들이 모여 숲을 이루고 아름다운 산을 이루고 있었다.

내가 홀대했던 행운목은 제 스스로 홀대받는 처지를 알았었나 보다. 그러기에 남은 에너지를 모아 보란 듯이 저렇게 진한 향의 꽃을 내미는 게 아닌가. 잎이 누렇게 떠 가면서도 사력을 다해 꽃을 피워 올린 행운목의 향기는 제 목숨을 바쳐 종족을 번식시키려는 안간힘의 향기였던 것이다. 자식들을 위해 고생만 하다가 누렇게 떠 버린 우리 어머니들의 모습이 겹쳐지면서 갑자기 외경심이 솟아났다.

한동안은 힘듦을 잊고 살 수 있을 것 같다. 하루를 열심히 채우고서 집에 들어설 때, 행운목의 향기는 나의 피곤함을 말끔히 씻어 줄 것이다. 잠시 책가방을 놓고 두 팔을 걷어붙이고 아이들이 좋아하는 반찬도 만들고, 남편의 구두도 닦아 놓고, 세탁기도 돌려 이불 빨래도 하고, 기른도 빨이 세로 달았다. 주부로서 엄마로서 나테헤진 마음에 생기가 돌고, 청결해진 집 안은 구석구석 행복으로 채워진다.

집 안에 가득 찬 꽃 향기 속에서 내 살아가는 모습을 돌아본다. 나는 어떤 모습일까. 하잘것없다고 생각했던 행운목은 죽어 가면서도 이토록 진하고 아름다운 향을 뿜어 올렸는데 말이다. 행운목 향기만큼은 아닐지라도 내게도 분명 잠자고 있는 어떤 향이 있을 거라고 믿는다. 그 향을 뿜을 수 있을 때까지 누렇게 잎이 뜨는 목마름을 기꺼이 감내하리라.

2001. 6.

어느 날인가는 통일에 대한 나의 주장 글쓰기 대회가 열렸는데 큰아이가 학교 대표로 대회에 나가게 되었다. 아기 때는 활달하던 큰아이는 자라면서 수줍음을 많이 탔고 남들 앞에 나서는 것을 꺼렸다. 그런 아이가 5학년이 되어서 시에서 주최하는 나의 주장 대회에 나가게 된 것이다. 당시 우리 아이를 데리고 시 대회에 참석하게 된 담당 선생님은 여선생님이었는데 아이에게 김밥도 사 먹이고 떡볶이도 사 먹이면서 힘내라고 격려를 해 주셨던 모양이다. 아이가 말한다. 엄마, 나 그때 작은 상이라도 받았으면 얼마나 좋았겠어, 상도 못 타고 선생님과 터덜터덜 걸어오는데 배고프지 않느냐고 맛있는 것들을 사 주셔서 몸 둘 곳을 몰라 쩔쩔맸어 엄마, 하는 것이다.

선생님도 고마웠고 선생님 앞에서 송구스러워 몸 둘 곳을 몰랐다는 아이도 고마웠다. 아이는 상은 못 받았지만 선생님의 특별한 사랑을 느끼고 온 날이었다. 아이들의 이야기를 듣다 보면 좋은 선생님들도 참 많았다.

어느 날인가는 옆 동에 사는 언니가 전화를 했다. 우리 아이가 언니네 아이의 돈 5천 원을 가져간 것 같다는 것이다. 돈을 훔쳤다는 얘기가 아닌가. 자세한 내막을 들은 나는 아이에게 돈을 가져왔느냐고 물었다. 처음에 아이는 아니라고 한다. 그 아이를 나는 어떻게 대할 것인가 고민하다가 아이의 방을 노크했다. 할 수 없었다. 아이를 가르치려면 내가 먼저 속죄하는 수밖에…… 나는 자못 심각한 표정으로 말했다.

나는 '엄마가 엄마답지 못해서 미안하다. 엄마도 잘못을 하면서 살기 때문에 잘못한 너에게 큰소리를 칠 형편은 아니다. 그래도 나는 너를 사랑하기 때문에 나중에 너 스스로 엄마처럼 부끄러운 사람이라는 생각을 갖지 않기를 바라기 때문에 말해야겠다. 사람은 누구든지 실수를 하고 산다. 특히 너처럼 어린아이들은 더욱더 그렇다. 그러나 그 실수에 대처하는 방법은 사람마다 다르다'라고 말하면서 나의 어린 시절 이야기 한 토막을 들려주었다.

외가에 다녀온 엄마의 주머니에서 200원을 훔쳤던 중학교 1학년 때의 이야기였다. 그때 엄마는 내가 가져갔다는 것을 알고 계셨던 듯하다. 그런데 어떻게 되었는지 결과는 생각나지 않지만 나는 엄마에게 사실을 말하지 않았고 끝까지 숨겼다는 것만큼은 뚜렷이 기억하고 있다. 끝까지 숨긴 그 부끄러움을 지금까지 가지고 있다는 사실과 그때 만약 엄마한테 사실대로 말할 수 있는 용기가 있었더라면 나는 오늘 네 앞에서 조금은 덜 부끄러웠을 것이라는 사실을 아이에게 고백하였다.

아이가 울었다. 잔인하다는 생각은 들었지만 처음에 따끔한 지적을 해야 한다고 생각하였다. 사촌 언니의 방에서 노는데 침대 아래에 5천 원이 떨어져 있었고 그 돈을 본 순간 자기도 모르게 주머니에 넣었다는 것이다.

나는 엉엉 울면서 고백하는 아이를 안아 주었다. 그리고 어떻게 대처할 것인지에 대해서 물었다. 아이는 용기를 내어 이모 집에 가서 사촌 언니에게 사과하고 오겠다고 한다. 나는 아이를 꼬옥, 꼬오옥 안아 주었다. 딸아, 네 마음이 지금 얼마나 부끄럽고 수치스러울지를 엄마는 안단다. 이렇게 잔인하게 하는 엄마가 미안하다. 그러나 너도 커서 너 만한 예쁜 딸이 생기면 이럴 수밖에 없는 엄마를 이해할 것이다. 나는 속으로 아이에게 미안하다는 이야기를 수없이 하면서 함께 울었다. 우리는 그렇게 서로 안고 안긴 채 한참을 울었다. 그런 뒤 아이는 용기를 내어 사촌 언니에게 가서 돈을 돌려주고 사과하고 돌아왔다.

그 일이 있은 뒤로 큰아이는 더욱더 용기 있는 사람으로 자라고 있음을 나는 느낄 수 있었다. 친구들과의 관계에서도 선생님들과의 관계에서도 악을 배척하고 선을 옹호할 줄 아는 용기가 봄날 뒤란 대나무 밭에 죽순 자라듯이 쑥쑥 자라고 있음을 엄마인 나는 알 수 있었다.

내가 학교 다닌다고 동분서주하는 사이 벌어진 일이지만 인간이면 누구나 거치는 사춘기에 한 번쯤 생길 수 있는 평범한 일이기도 하다. 그런데 부끄러운 짓을 한 아이에게 아무런 일도 생기지 않는다면 악을 부끄러워할 줄 모르는 뻔뻔스런 사람으로 자랄 수 있다. 부끄러운 짓을 한 아이를 그냥 용서하고 넘어가는 것은 관용이나 너그러움이 아니다. 아이가 아무렇게나 자라도 된다는 빙임이며 부모답지 못한 더 큰 부끄러움일 것이다.

사춘기를 거치면서 아이는 조금씩 반항하는 기색도 보였다. 대게는 그 나이 때의 내 모습을 돌아보면서 관대하게 넘어갔다. 그 나이였던 나보다 아이들이 훨씬 잘하고 있었으므로 그럴 수밖에 없었다. 그런데 때에 따라서는 앞의 경우와 같이 냉정하게 잘못을 지적해야 하는 순간도 있었다.

아이들의 잘못을 지적해야 할 때 나는 내 모습을 먼저 돌아보았다. 야단칠 만한 자격이 있는가를 먼저 생각했다. 그럴 수 없을 때는 그럴 수 없는 나의 허물부터 아이에게 고백한 다음에 아이의 허물을 지적하였다. 허물 많은 엄마가 아이의 작은 허물을 지적해야 한다는 것은 참으로 미안한 노릇이다. 그렇다고 아이의 허물을 방관할 수도 없는 일이다.

아이들은 나름대로의 옳고 그름에 대한 판단도 할 줄 알고 도덕적 가치 판단도 정확하게 할 줄 알며 또한 정직하다. 그런 아이의 허물을 지적하는 일은 어른으로서도 아주 조심스러운 일이다.

그래서 나는 미안하다는 말을 자주 한다. 우리 아이들은 엄마가 실수도 많이 하고 잊어버리는 것이 많고 가끔씩은 잘못도 저지른다는 것을 알고 있다. 어느 때는 자기들이 잘못한 것도 엄마를 닮아 그렇다고 놀리기도 해서 체면이 서지 않을 때도 있다. 그러나 그 속에서도 아이들은 나를 이해해 주고 도와주고 격려해 주는 걸 안다.

큰아이가 중학교 3학년이 되어서 학교에서 선행상을 받아 왔다. 그런데 상장을 내밀면서 아이는 엄마 때문에 창피했다고 투정을 부렸다. 선행상은 학급 아이들이 추천해서 주는 상이라고 한다. 그 수상자를 추천하는 시간에 아이는 상이 받고 싶었다고 한다. 왜냐하면 그 상을 받으면 3점의 점수를 받아 좋은 고등학교에 가는 데 유리하기 때문인데, 그러는 찰나 한 아이가 우리 아이를 추천하였고 추천받은 아이는 모두 다섯 명이 되었다고 한다. 선행상은 세 명이 받게 되어 있어서 선생님은 다섯 명을 불러 내었고 반 아이들은 다시 한 번 세 명의 아이를 뽑게 된 것이다.

아이는 앞에 나가 서 있다는 것이 '내가 착한 학생이오' 라고 스스로 내세우는 것이어서 많이 부끄러웠다고 한다. 앞에 서 있는 아이 중에는 정말 착한 아이는 한 명 있었고 자기를 포함한 나머지는 비슷비슷한 아이들이었다고 한다. 그럼에도 불구하고 나는 착하지 않다고 고백하지 못하고 창피함을 무릅쓰고 서 있었던 이유는 엄마에게 효도하고 싶었기 때문이란다. 선행상으로 3점을 받아 거기에 3년 동안의 자기 성적을 합산하면 명문고인 사대부고에 갈 것 같았기 때문이었다는 것이다. 다행히도 두 번째로

표를 받아 선행상을 받아 왔다는 아이는 거기 나가 서 있었던 부
끄러웠던 순간을 잊지 못할 듯이 고백하였다.

배동 오른 보리이삭을 꿈꾸며

대학원에서 70년대 소설연구를 수강하게 되었다. 모두에게 하나의 텍스트가 주어지는데 아동문학을 전공하기로 한 나는 어떻게 하면 소설연구를 쉽게 해결할 수 있을까 고심하다가 학부 때 지도교수님이셨던 윤흥길 선생님의 「장마」를 하기로 했다. 안다고 생각했고 수월하게 넘어가자는 얄팍한 계산이기도 했다.

며칠째 「장마」에 매달렸다. 아니, 「장마」속에 들어 있는 선생님의 분신에 매달렸다고 해야 옳을 것이다. 가까이 있으면서 그동안 나는 몰라도 너무 몰랐구나, 내가 안다고 여겼던 것은 선생님께서 살아가시는 여러 날 중에서 평범했던 어느 하루의 한나절뿐이었구나, 「장마」를 연구하며 그동안 제자랍시고 알은 체를 해 온 나의 가벼움을 깨닫는다.

등단은 해 놓고 감당할 수 없어 당황하고 있던 때 한서대학교에 들어가 윤흥길 선생님을 만났다. 가정주부인 내가 20대의 새내기들과 공부한다는 것은 몸살을 앓을 정도로 어색하고도 힘들었다. 그런 짐을 지고 들어선 나를 선생님은 잔잔한 미소로 맞아 주셨고 기꺼이 내 무거운 짐을 내려 주셨다.

선생님의 문하로 들어와 공부를 하면서 하루하루 마음이 편안해지고 자신감도 생겼다. 늦깎이인 내게 '잘할 수 있다'며 격려해 주시던 선생님의 미소는 내 발걸음을 경쾌하게 하였다.

나도 최선을 다하기로 하고 주부로서 엄마로서 학생으로서 동분서주 열심히 다녔다. 사업을 시작한 남편의 일에 경제 한파가 불어닥치면서 생활이 많이 힘들었다. 그러나 아무리 힘들어도 강의시간만큼은 빼먹지 말자고 다짐하고 다짐하면서 생활에 임했다. 강의시간을 놓치면 수많은 알 것들을 놓칠 것만 같은 마음에 빼먹을 수도 없었다.

그것은 전공 선생님을 비롯한 교양과목 선생님들까지, 나를 가르치시는 여러 선생님들께서 내게 주는 열정이었다. 강의를 들으면 들을수록 문학에 대한 나의 열정은, 학문에 대한 나의 열정은 샘물처럼 솟아났다. 그것은 힘든 생활의 버팀목이 되어 주었고 어려움을 헤쳐 갈 수 있는 에너지가 되어 주었다. 이렇게 힘든 시간을 배움으로 채우고 나면 나도 남부럽지 않은 글을 쓸 수 있을 것이라는 희망, 그것이 내게서 에너지를 만들어 냈고 행복하게 했다.

대학 2학년 소설 창작 시간이었다. 동화를 쓰던 나는, 아니 동화도 제대로 못 써서 끙끙거리던 나는 소설을 써야 했다. 어쩔 수 없이 주어지는 과제였는데 평소 존경해 오던 선생님의 시간이니만큼 최선을 다하리라 마음먹었다. 내가 느끼고 있는 아름다움을 말하기 위해서…… 입술이 부르트고 혓바늘이 돋고…… 소설 쓰기라는 작업의 어려움을 실감나게 겪어 보는 순간이었다.

함께 공부하는 아이들, 나와 20년 차이가 나는 20대 아이들 앞에서 발표를 해야만 하는 소설 창작은 몸살이 날 만큼 부담스러운 일이었다. 참신하고 기발한 상상력을 바탕으로 잘 썼다고 생각되는 아이들의 작품도 강의시간에 텍스트로 오를 때면 여지없이 난도질당하였다. 선생님 말씀 하나하나는 비수가 되어 나의 가슴에 날아들었다. 학생들을 향한 혹독한 평은 언제나 내 가슴 한복판을 꿰뚫었다. 내 순서가 되면 어떡하나, 조바심이 일었다.

내 차례가 되었을 때 그래도 최선을 다해 쓴 소설이니만큼 어느 정도는 기대를 했다. 혹시 큰 결점이 있더라도 아이들을 야단치신 것처럼 그렇게 무지막지하게 야단치시지는 않겠지, 아이들이 보는 앞에서 나이 든 아줌마의 체면쯤은, 아니 등단 작가의 체면쯤은 세워 주시겠지, 수업하는 중간에 칭찬을 의미하는 단어 하나쯤 슬그머니 끼워 주시겠지, 은근히 기대도 했다.

그날 나는 또다시 내 상상력의 빈약함을 실감나게 경험해야 했다. 애당초 빈약한 상상력으로 창작에 애를 먹는 바였지만 그렇다 하더

143

라도 내 소설이 분석되는 시간 선생님의 말씀은 세상에서 가장 무지막지한 거였다. 선생님은 소설 속의 모순을 지적하시는데 차디차고 잔인한 단어만 골라서 사용하셨다. 소설 속의 결점을 지적하실 때, 나의 결점을 지적하시는 것으로 들렸다.

아무래도 내가 미운 모양이었다. 내게는 그렇게 들렸다. 젊은 아이들을 야단치실 때보다 더하면 더했지 깃털만큼도, 터럭만큼도 덜하지 않았다. 바르르 떨리는 마음, 언제 끝날까, 더 이상의 지적 없이 그냥 마무리해 주셨으면 감지덕지 백 번이고 절이라도 올릴 텐데, 제발 아이들 앞에서 더 이상의 망신을 당하지 않게만 해 주신다면 몇 번이고 몇십 번이고 다시 써 올 수 있는데, 별의별 생각을 다하면서 선생님의 혹평이 끝나기만을 애타게 기다렸다.

소설창작 시간, 선생님에 대한 내 기대는 그렇게 산산이 부서졌다. 아니, 무참하게 짓밟혔다고 표현해야 옳을 것이다. 한마디로 그날의 선생님은 모지락스러웠다.

소설을 쓰지 않기로 하였다. 까짓것 소설 안 쓰면 되지, 선생님 강의시간에 안 들어오면 되지, 쏟아지는 눈물을 삼키며 가까스로 지탱하고 있는 나에게 젊은 학우들은 측은한 눈길을 아낌없이 쏟아 부었다.

어둑어둑한 교정, 학생들이 하나둘 집으로 돌아가고 있었다. 나는 어둠 속으로 형체를 숨겨 가는 쭈그렁바가지인 차 안에 오도카니 앉아서 불 켜진 선생님의 연구실을 쳐다보고 쳐다보며 하염없이 울고 또 울었다. 서운함과 원망스러움을 다시는 소설을 쓰지 않으리라는 배반의 마음에 반죽하면서 찰지도록 비비고 또 비벼 댔다.

가야산의 침묵까지 드리워져 교정은 새카맣게 변했지만 나는 움직일 수 없었다. 차디찬 선생님의 혹평만큼이나 내 안에서는 차디찬 마음이 똘똘 뭉쳐지고 있었다. 흐르는 눈물 때문에 운전도 할 수 없었다. 아마 그렇게 족히 두세 시간은 흘렀을 것이다.

꺼지지 않는 불빛, 선생님 연구실 창을 하염없이 바라보던 나는 이를 악물고 돌아섰다. 다시는 소설을 쓰지 않으리라 다짐하면서.

그러나 나는 3학년에도 4학년에도 학기마다 소설을 한 강의도 빠짐없이 들었고 다 써냈다. 그렇게 물러설 수는 없었다. 소설이 뭔데, 제까짓 게 뭔데 나를 이렇게 형편없이 만드나, 한번 해 보자, 달려들었다.

"이렇게 모지락스럽게 가르쳐서 내놔도 욕먹는 게 글 쓰는 작업인데 대충 가르쳐 내놓으면 어찌 되겠느냐."

모지락스럽게 야단을 맞고부터는 혼나는 것에도 면역이 생겼는지 아무렇지도 않았다. 나를 지탱해 오던 알량한 자존심, 나를 둘러싼 호두껍데기 같은 아집, 그것의 형편없음이 드러나자 3학년과 4학년은 소설 창작에 쉽게 임할 수 있었다. 그렇게 냉정하고 혹독한 가르침 속에 몇 편의 소설을 쓰면서 나의 문장은 틀을 잡아 갔으며 내 안의 나를 버리는 훈련이 시작되었다. 소설 속에서 흉내 내기 시작했던 것이다.

대학원에 진학해서 본격적으로 아동문학을 전공하면서 힘들었던 시간의 소중함을 느낀다. 소설과 동화는 같은 픽션이면서도 세계인식 방법에서는 차이가 많았다. 동화를 써 왔던 내가 소설을 쓰게 되었을 때 그 인식의 전환이 어려웠던 것이다.

석사 과정에서 아동문학을 전공하면서 비평과 소설론 수업을 들었다. 좋은 동화를 쓰기 위해서는 소설을 비롯한 전 장르는 극복되어야만 한다는 걸 몸소 체득했기 때문이다. 다른 장르를 극복할 수 있어야만 좋은 동화작가로 거듭날 수 있음을 나는 혹독하게 배웠다.

대학원 강의시간에 학우들과 합평에 임하면 학부 때 나를 지적하시던 선생님 모습이 떠오른다. 변함없는 톤의 메마른 목소리, 모순과 비문을 지적하시면서 왜 잘못되었는지 정확하게 설명해 주시던 모습…… 그때 선생님께서 내게 지적하셨던 모습처럼 학우들의 글속에서 모순과 비문들을 발견하고 있는 나를 본다. 아이들 글쓰기를 지도할 때도 주부 글쓰기 교실에서 강의를 할 때도 나는 선생님의 가르침을 떠올리며 선생님께서 들려주셨던 글 쓰는 자세들을 강조하고 모순과 비문을 지적한다. 그리고 말한다. 글쓰기는 기법도 중요하고 문장도 중요하지만 자세가 더 중요한 거라고.

해동기, 보리밭을 밟는다. 얼었던 흙이 푸슬푸슬해져서 뿌리를 내릴 수 없기 때문이다. 봄날, 잘 여문 낟알들을 위해서는 푸슬푸슬한 보리밭을 꼭꼭 밟아서 다져 주어야 하듯이 학부 때의 선생님께서는 내 문학의 길을 꼭꼭 밟아 주셨다. 땅속에 내린 뿌리는 아파서 몸서리쳤지만 이제 봄이 오면 나는 배동 오른 보리처럼 싱싱하게 자랄 것이다. 5월 배동 오른 보리밭의 파란 물결, 바람결에 살짝 고개 숙이는 물오른 보릿대의 싱그러움을 나의 문학의 길에서 그려 본다.

2002. 11.

학교 다니면서 가장 심각했던 것은 빈혈이었다. 강의시간표에 따라서 이학관과 공학관, 그리고 인문관, 예술관, 도서관 등의 건물과 긴물 사이를 걸어 다니는 것이 힘들었다. 정상인들의 헤모글로빈 수치가 14라는데 나는 6에서 허덕였다. 정상인이 갑자기 그 수치로 떨어지면 생명이 위태로운 순간이라고 한다. 그런데 나는 매번 그 수준에서 헐떡였다. 병원에서 해 주는 처방전으로 약을 먹어도 개선의 여지가 없어 나중에는 조혈제를 포도당에 섞어서 한 달에 두 번씩 3~4시간 정도 누워서 주사로 맞기 시작했다.

헤모글로빈이란 것은 참 신기하다. 그렇게 주사로 맞고 나면 2주 정도는 살 만했다. 그래도 5년 산다고 했는데 그 세 갑절을 살고 있으니 이 정도 불편함이야 감수할 수 있다고 생각하였다. 아이들을 내 마음껏 키우면서 함께 살아갈 수 있다니 그것도 감사한 일이지 싶어 견뎌 냈다. 그런데 왜 그렇게 연구해야 할 것들이 많고 과제물은 또 그리 많은지 공부하는 것이 기쁘기도 하지만 힘들기도 했다.

나이는 어쩔 수 없음인지 봄이면 춘곤증도 밀려왔다. 점심만 먹고 나면 졸음이 찾아오는 것이다. 그런데 내 또래의 교수님 혹은 연배나 연하의 교수님 앞에서 나는 절대로 졸 수가 없었다. 그 나이 먹어서 졸면서 무슨 공부를 하겠다고 강의실에 앉아 있느냐고 흉을 볼 것 같았다. 할 수 없이 나는 점심을 굶기로 했다. 뱃속이 비면 졸리지는 않았으니까. 내 입장을 봐주지 않은 춘곤증은 정말 야속했다. 몸도 시원치 않은 마당에 봄이면 그로 인해 점심을 굶는 일이 다반사였다. 빈혈이 심해질 때는 일상생활에 의욕 저하를 불러왔다. 나는 왜 이렇게 힘들게 사는가, 왜 공부하는가에 대한 회의가 밀려오기도 하였고 공부하는 것이, 글을 쓴다는 것이 사치라는 생각이 들기도 하였다.

대학생이 되어 통통거리며 정신없이 사는 4년 동안 엄마 노릇도 아내 노릇도 며느리 노릇도 학생 노릇도 제대로 한 것이 하나도 없다. 4년 동안 140학점 이상을 이수해야 하는 빡빡했던 시간에 그래도 기초학문을 비롯한 문학의 각 장르별 이론과 실제에 몰두하였으나 엄마로서 아내로서 며느리로서 학생으로서 또 이런저런 이름을 가진 자로서 내가 제대로 할 수 있었던 역할은 하나도 없었다. 그러나 가족 모두의 이해와 배려 속에서 각각의 제자리에서 대학 4년을 무사히 마치고 졸업할 수 있었다.

빈궁마마와 6월의 넝쿨상미

가끔은 아픈 것도 괜찮은 듯하다. 일주일 동안 병원 생활을 하면서 처음 며칠은 살점을 도려낸 아픔에 힘들었지만 2~3일이 지나고 나니 조용히 내 발자취를 돌아보며 흐트러진 마음을 추스른다.

지난해 이맘때 교통사고로 병원에 입원한 적이 있었다. 동동거리며 살다가 누워 있게 된 시간, 뒷목의 통증쯤이야 차라리 고마운 거였다. 병원을 자주 들락거리는 내게는 세상살이를 점검하며 수정할 것은 수정하고 포용할 것은 포용하면서 계획하고 안식하는 곳이 병원이 되어 버렸다.

위암 수술 이후 찾아오는 빈혈에 15년이 넘게 고생하였다. 헤모글로빈이 정상인의 절반밖에 안 되는 수치로 정상인보다 많은 활동을 하고 살아온 듯싶다. 그러다 보니 자주 눕게 되는데 먹는 약으로는 치료되지 않았다. 급기야 병원을 옮겨 한 달에 두 번씩 조혈제를 포도당에 섞어 혈관에 맞게 되었는데 그것도 임시방편일 뿐 의사는 근본적인 치료를 위해 자궁 적출술을 권한다. 자기 아내가 나와 같은 상황이면 당장 수술을 받도록 하겠다는 것이다.

여성의 몸은 참으로 신기하다. 교통사고로 출혈이 많아도 큰 수술을 하여도 혹은 이런저런 병으로 몸이 부실하여도 생명을 키워 낼 준비를 먼저 하니 말이다. 제 몸의 건강은 어떠하든 관계치 않고 여성으로서 모성으로서 생명을 키워 낼 준비부터 하는 것이다. 그러니 나처럼 빈혈로 인하여 일상생활을 할 수 없을 지경에 이른 사람의 몸도 내 의지와는 상관없이 매달 꼬박꼬박 생명을 잉태할 준비를 하는 것이다. 그것도 아주 왕성하게 말이다.

결국 빈혈의 치료 방법이 자궁 적출술을 함으로써 인위적으로 생리를 못하게 하면 된다고 한다. 진즉에 알았더라면 일찍 수술을 할 것을 약물치료에 의지하는 오랜 시간 동안 고생을 했다. 그래서 돌아오는 여름 방학에는 수술을 해야겠구나, 각오하고 있었는데 뜻하지 않게 쓰러지는 바람에 응급실을 통해 입원을 하였고 조금 일찍 수술을 받게 되었다. 수술 후 하루 이틀은 혼수상태로 정신이 혼미하였지만 그 후로는 동면하는 동물처럼 깊은 휴식에 들어갔다.

일곱 명이 함께 쓰는 병실에는 임신 중인 임부거나 제왕절개로 출산한 산모들이 대부분이었다. 그들은 아이들 양육이 어떻고 임신 중의 반응이 어떻고 모유는 언제까지 먹여야 좋다는 등의 이야기를 나눈다. 그들 곁에서 극진히 간호하는 남편들을 보면서 혼자서 진땀을 흘려 가며 간신히 밥 한 술을 뜨려니 심사가 뒤틀린다.

밥이 식도를 타고 넘어가기가 무섭게 장이 반란을 일으키는 것은 어떤 연유일까. 내 상식으로는 식도를 타고 넘어간 음식물은 처음에 위로 모일 것이고 위에서 적당히 부서진 다음에 소장을 거쳐 대장으로 가는데 내 경우에는 어째서 밥이 넘어가자마자 장이 뒤틀리는 것일까. 음식물을 먹고자 하는 내 의지와 거부하는 몸과의 싸움은 급기야 남편에 대한 원망으로 이어진다.

아이를 낳았을 때는 지극 정성이더니 이제는 관심도 없다고 뒤틀린 심사를 가시 돋친 단어들에 소복이 담아 한 상 뱉어 내니 식사를 하던 환자들도 옆에서 간호하던 남편들도 웃음바다를 이룬다. 서글서글한 인상의 한 보호자는 자기 아내의 시중을 들다가도 침대를 올려 드릴까요, 물을 드릴까요, 여성으로서 물러나는 나에게 아량을 베푼다. 그럴수록 새댁의 얼굴에는 행복한 미소가 넘쳐 난다.

내게도 새댁 같은 시절이 있었다. 큰아이 때는 남편이 멀리 있어 혼자 견뎠지만 작은아이 때는 엄살도 떨고 투정도 부리면 다 받아 주고 대접해 주던 시절이 있었다. 그런데 지금은 주변을 둘러보니 새댁들의 표정은 내게 여왕대접을 받는 자기들과 비교하며 꼬투리 잡지 말고 조용히 있으라 말하고 있는 듯하다. 그래도 모르는 척 태연하게 책을 보는데 글자는 읽었으되 무엇을 읽었는지 아는 게 없다. 눈을 감는다. 옆구리에 차고 있던 무통 주사가 나를 환각 상태로 몰아가는 듯 몽롱한 잠은 유쾌하지 못하다.

장이 음식물을 거부할 때는 위도 거부한다고 한다. 그러니까 위는 위고 장은 장이고가 아니라 서로 영향을 주고받는 것이다. 한 숟가락의 음식을 소화함에도 이렇듯 상호 작용을 하는 거였다. 하긴 마이크로는 매크로와 통한다고 작은 종기 하나가 온몸에 몸살을 가져오기도 하는 것이니 뒤틀린 심사가 위에게도 장에게도 제 역할을 못하게 한 게 뻔하다.

옆에서 간호를 하던 남편이 어느 날 내 핸드폰으로 문자를 주고받으며 킥킥거린다. 후배가 보낸 안부 문자에 내 대신 답을 하고 있는 중이란다. 무엇이 그리 우스울까, 나중에 핸드폰을 열어 보았더니 빈궁마마가 되더니 엄살이 심하다는 글이 발신함에 들어 있다. 빈궁마마라니, 무슨 뜻인가 물었더니 몸속에 있던 궁을 없앴으니 빈궁이 아니냐며 놀린다. 빈궁마마, 피식 웃음이 나온다.

며칠 전 스승께서 자주 아픈 내 모습이 안타까우셨는지 메일을 보내셨는데 삶은 사무치게 마주할 것이 못 된다고 하염없이 먼 산을 보듯 살아야 한다고, 날마다 들녘에 나가 솟아나는 목숨들을 반기면서 건강을 다져 두라고 당부하셨다.

말씀을 받고 보니 새삼스럽게 내 모습이 궁금해진다. 삶을 사무치게 마주하며 살아가는 것과 열심히 사는 것은 어떻게 다를까. 나는 열심히 산다고 생각하였는데 그것이 사무치게 마주하는 것과 같은 의미일까. 스승께서는 자주 아픈 제자에게 가슴에 화인처럼 쏙쏙 들어와 박히는 문장 몇 구절 보내셨는데 혹시 스승께서도 과거에 나처럼 살아오신 건 아니었을까, 그러기에 그렇게 말씀하실 수 있는 건 아닐끼, 이런저런 무례한 상상까지 하면서 젊은 교수들보다 더 열심히, 더 열정적으로 강의하시던 그분의 모습을 떠올려 본다.

입원 일주일 만에 아픈 배를 끌어안고 허리도 펴지 못하는 채로 병원을 나오는데 뒤에서 남편이 '빈궁마마 걸음걸이가 품위 없다' 고 놀린다. 빈궁마마, 참 재미있는 별명이라고 뒤돌아보는데 넝쿨장미가 사방에서 나를 바라본다. 옹기종기 어울려 도란도란 수다를 떨고 있는 6월의 넝쿨장미, 어떡하면 저토록 아름다울 수 있을까, 빤히 바라보고 있노라니 몸은 비틀거려 놀림을 받는데도 가슴에서는 분수도 없이 넝쿨장미를 닮은 새빨간 열정이 꿈틀거린다.

저렇게 울타리를 넘어 갓길까지 뻗어나는 6월의 넝쿨장미는 제 삶에 최선을 다하며 피워 낸 것일까, 먼 산 보듯 그냥 피워 낸 것일까. 만일 먼 산 보듯 피워 낸 것이어서 최선을 다해 피워 낸다면 저렇게 핀 숱하게 많은 송이에다 몇 송이 더 보탤 수 있을까. 아니 내 보기에 넝쿨장미가 최선을 다한다 하여도 몇 송이 더 피워 낼 공간은 없을 것 같은데 말이다. 저렇게 많은 넝쿨장미가 있는 그대로의 모습이라면 이렇게 비실거리며 살아가는 내 모습도 있는 그대로의 모습이지 않을까.

세상에 모든 것들은 저마다 능력만큼씩 해내고 살아간다고 했다.

나보다 더 강한 사람은 그만큼이 그의 능력일 것이고, 나보다 약한 사람은 그만큼이 또 그의 능력일 것이니 이렇게 잦은 병치레를 하며 살아가는 나도 이만큼이 내 정도가 아닐까. 넝쿨장미가 6월이 되어 꽃을 피울 수 있을 만큼 피우듯이 말이다.

그래, 그래도 스승의 말씀처럼 한 템포 늦춰 보자. 어차피 늦는 인생인데 뭐, 쉬엄쉬엄 가지, 뛰는 개구리도 보고 자줏빛 땅싸리꽃도 살펴보고 애기똥풀도 꺾어 노랑물을 확인도 하면서 내 하늘에 반짝이는 별들도 키우면서 말이다. 이제는 길들여진 것일까. 언제부터인지 나도 모르게 매사에 담대해진 것도 같다. 버티는 걸 버틴다고 생각하지 않으니 그냥 살아가는 거라고 말할까.

사랑을 전하는 사람들은 대부분이 장미를 선택하던데, 저토록 붉은 장미의 궁을 내주고 물러나는 빈궁마마에게 장미 한 다발 안겨 줄 이 어디 없을까. 6월의 넝쿨장미, 최선을 다해 피워 낸 것이든 먼 산을 바라보듯 처연하게 피워 낸 것이든 장미의 그 빨강에 빈궁의 가슴은 이렇듯 설레는데…….

뱃속에서는 빈 궁을 감당하지 못하는지 신장은 물론 장도 불규칙하고 덩달아 위도 불규칙하다. 허리까지 맥을 못 추어 품위 없다고 놀림을 받는다. 그럼에도 넝쿨장미보다도 피워 낼 꽃송이가 더 많은 가슴은 붉기만 하다. 6월에는 넝쿨장미가 있어 행복하다.

2005. 6.

Story **9**

'다름' 의 무게

&

essay

짝사랑

'다름'의 무게

대학을 나왔으면 되었지 무슨 또 대학원에 가느냐고 하시는 게 아닌가.
너무나 완고하게 말씀하시는 아버님 앞에서
남편은 무릎을 꿇었다.

대학교에 다니면서 시댁과 나의 다름의 거리를 좁힌답시고 애는 썼으나 생각만큼 좁혀지지는 않았다. 그래서 대학을 마치면 집에서 아이들을 키우면서 아내 노릇이나 잘하려고 마음먹었다. 그런데 졸업할 무렵 신현득 선생님께서 전화를 하셨다. 대학원에 진학하라며 단국대학교 대학원 문예창작학과에서 아동문학을 전공할 수 있게 되었다고 하셨다. 그동안에 우리나라에서는 아동문학을 전공할 수 있는 학교가 없었다. 먼저 아동문학을 공부한 몇몇 선생님들은 각 대학원의 국문학과나 교육학과에서 곁눈질을 해 가며 독학으로 공부하신 분들이다. 그런데 이제 본격적으로 교육부의 인가를 받아 아동문학을 체계적으로 연구할 수 있는 학교가 생기게 되었으니 하던 공부를 계속하라는 전화셨다. 당신은 칠십 세에 박사학위를 받게 된다 하시면서 늦게 공부하는 나에게 용기를 주셨다.

이제 가정으로 돌아와 아이들도 키우고 남편도 도와야겠다는 생각을 하였는데 선생님의 전화를 받고 보니 또다시 진학하고 싶다는 유혹에 휩싸였다. 어떻게 할까 고민하다가 남편에게 이야기를 하였다. 남편은 학비를 보태 줄 수 없어 미안하다면서 해 보고 싶으면 하라고 한다.

하긴 문예창작학과를 4년 동안 다녔지만 일반 문학의 각 장르에 대해서 공부하였지 아동문학에 대해서 공부하진 못했다. 문학의 이해를 비롯하여 시, 소설, 희곡, 시나리오, 평론에 수필, 구성 작품까지 많은 걸 배웠고 4년 평균 학점이 4점이 넘었지만 아동문학에 대한 것은 공부하지 못했던 것이다. 아동문학이 3학점짜리 한 강좌밖에 없는 것도 원인이었지만 강의할 선생님도 마땅하게 없었던 듯하다. 아동문학이 체계적이지 못했으니 가르칠 사람이 부족하다는 것은 당연한 일일 것이다.

아이들에게 대학원에 가고 싶다는 이야기를 하였다. 아이들은 또 대 환영이다. 그래서 아동문학을 전공할 수 있는 단국대학교 대학원 문예창작학과에 원서를 내었다. 그것도 일반전형이 끝난 뒤의 특별전형이었다.

원서를 내고 합격했다는 통지를 받은 얼마 뒤 시아버님의 칠순 잔치가 있었다. 나와 남편은 칠순잔치를 위해 중국음식점을 빌렸고 가족과 친지들을 모셨다. 낮 잔치를 끝내고 시어머님 친정 형제들과 저녁 식사를 하게 되었는데 그 자리에서 남편은 시아버님께 내가 대학원에 들어간다는 사실을 말씀드렸다. 아마도 속으로는 은근한 자랑거리였던 듯도 하다. 그런데 아버님의 반응은 그게 아니었다.

대학을 나왔으면 되었지 무슨 또 대학원에 가느냐고 하시는 게 아닌가. 너무나 완고하게 말씀하시는 아버님 앞에서 남편은 무릎을 꿇었다. 그리고 자기가 벌어서 다닌다는데 허락해 달라고 간청하였다. 그럴수록 아버님의 반대는 더욱더 완강하셨다. 너희 맘대로 하려면 '부모 자식의 인연을 끊으라' 는 말씀까지 하시는 게 아닌가.

나는 깜짝 놀랐다. 무엇인가에 한바탕 머리통을 호되게 얻어맞은 느낌이었다. 아버님 말씀은 어미는 아이들이 학교에서 돌아오면 기다렸다가 맞아 주어야 하고 남편이 일하고 돌아오면 맞아 주어야 하는데 왜 공부한답시고 나돌아 다니느냐는 것이다. 그러면서 결국 해서는 안 될 말씀까지 하셨다. '너는 시집오기 전에 배우고 오지, 왜 안 배우고 와서 집안에 이 난리를 피우느냐' 고.

그 이야기를 듣는 순간 내 심장은 멎는 것 같았다. 나는 무릎을 꿇고 있는 남편 옆에서 눈물만 주룩주룩 흘렀다. 나의 내면에서는 그동안 참았던 반감이 꿈틀대기 시작하였다. 이럴 수는 없는 것이다. 시집와서 15년, 한 번도 시부모님께 말대답을 해 본 적이 없다. 그런데 아버님은 40이 넘어 50줄에 다가가는 아들 며느리가 당신 말대로 순종하기만을 바라신다. 나는 살아 있으며 스스로 생각하고 행동하는 주체적인 사람이고 싶었다. 결국 시집와서 처음으로 15년 만에 아버님께 대들었다.

"아버님, 애들 잘못 키운 거 있으면 지적해 보세요. 아버님은 40년 교단에서 말씀으로 가르치셨지만 저는 몸으로 가르쳤어요. 우리 아이들의 무엇이 어떤 점이 잘못되었는지 지적해 보세요."

나는 제정신이 아니었다. 아버님도 어쩔 줄 몰라 하셨다. 대드는 며느리가 용납이 안 되시는 것 같았다. 나 역시도 아버님을 용서하기 힘들었다. 내 의도와는 다르게 서로 다름의 거리는 까마득히 멀어져 갔다. 다가가도 멀어지는 거리, 세상에 그런 법칙이 어디 있을까. 이 집에 며느리로 사는 게 이렇게 힘든 것이라면 인연의 끈을 놓고 싶었다. 나를 이렇게도 꼼짝도 못하게 할 만큼 과분한 집이라면 돌아서고 싶었다.

아버지를 잃는 것을 가리켜 천붕이라 했던가. 두 해 전에 돌아가신 친정아버지가 보고 싶었다. 옳고 그름에 대해서만큼은 정확하셨던 아버지. 내 자식이 귀한 대접을 받게 하려면 남의 자식에게 먼저 대접해 주라고 어머니를 책망하셨던 아버지는 동네에서 호랑이라는 대명사로 불렸지만 내남없이 옳고 그름을 가리는 것만큼은 확실히 하셨다. 어려서는 그 엄격함이 무서웠는데 커서는 나의 술잔을 채워 주시면서 푸념을 들어 주셨다. 팔불출같이 밖에서 들은 칭찬을 늘어놓아도 흐뭇하게 들어 주셨던 그 아버지가 보고 싶었다. 그날 나는 아버지가 돌아가셨을 때보다도 더 많이 울었던 것 같다.

결혼 초에 만학이라도 하겠다면 보내 주마 약속하셨던 시아버님이셨다. 나는 시아버님의 말씀을 가슴에 담고 얼마나 고맙고 감사해 하며 섬겨 왔던가. 결혼 초 어느 날 저녁, 학교에서 돌아오신 시아버님께서 저녁상 앞에서 '너도 공부하고 싶으면 만학이라도 해라. 시부모도 부모인데 가르쳐 주마' 라며 뜻밖의 말씀을 하셨다. 아들 하나, 딸 하나를 낳아서 가르칠 만큼 가르쳐 놓으신 시아버님께서는 가난하고 못 배운 며느리가 못내 서운하셨던 모양이다. 며느리에게도 공부할 수 있게 해 주신다는 시아버님, 당신이 선생님이어서 그런 것일까. 나는 고맙고도 고마웠다. 그 말씀을 들었을 때 나는 며느리로서 최선을 다하리라 다짐하였다. 그날 밤, 나는 내 방에 들어와 밤새 울었던 것 같다. 공부하라는 그 말씀이 너무도 감사하고 고마워서, 내 삶이 허락되는 한 그분들을 섬기고 또 섬길 거라고 밤새워 다짐도 했었다. 그런데 막상

대학교에 들어간다니 학비는커녕 다니는 것조차 못마땅해 하시는 게 아닌가. 아마 시아버님께서는 그때의 말씀을 잊으신 모양이다. 그렇지 않고는 저렇게 말씀하실 수가 없다. 대학교에 들어간다는 말씀을 드리고 오던 날도 반대는 하지 않으셨지만 탐탁지 않아 하시는 것은 뚜렷하게 알 수 있었다. 그래도 나는 예전에 그렇게 약속하셨잖아요, 말씀드릴 수는 없었다. 아마도 그날 대전에서 서산까지 울며 왔던 듯싶다. 운전하던 남편은 나의 서러운 푸념을 말없이 들어 주었다. 학비에서 생활비까지 스스로 벌어서 한다는데 왜 싫어하시는 것일까.

정말로 대학 4년 동안 시댁에서 단돈 1만 원도 받아 본 적이 없다. 물론 남편한테도 그랬다. 사업을 시작한 남편과는 처음부터 한 약속이었기에 서운한 게 없었다. 오히려 남편의 사업을 돕지 못하고 공부하게 된 게 미안했다. 그러나 시아버님과의 약속은 다르지 않았던가. 게다가 왜 시집오기 전에 배우고 오지 않았느냐고 하는 것은 부모로서 며느리에게 할 수 있는 말은 아니다. 절대로 아니다. 그 말을 듣는 순간 이 집에 며느리로 존재한다는 게 내게는 과분한 욕심인 듯싶었다.

울고 있던 나는 어른들 앞에서 발딱 일어났다. 그리고 시댁에 있는 아이들에게 전화를 해 집으로 돌아갈 짐을 꾸리라고 하였다. 그리고 돌아섰다. 인연의 끈을 놓자고 맘먹고 나니 거침이 없었다. 남편은 술에 취해서 몸도 잘 가누지 못했다.

밤 12시가 넘은 시간 나는 아이들을 앞세우고 시댁을 나왔다. 술에 취해 괴로워하던 남편도 나를 따라 나왔다. 아, 인연의 끝은 어디인가. 다가가도 멀어지는 이 거리에서 나는 돌아서야겠는데 나를 따라나서는 시아버님의 외아들, 부자지간에 흐르는 피는 돌아서면 남일 수 있는 부부 사이보다 진하지 않은가. 나보고 어쩌란 말인가.

밖은 눈이 쌓여 차선도 보이지 않았다. 하얗게 덮인 대전 서산 간의 새벽길을 나는 남편과 아이들을 태우고 다섯 시간을 운전해서 돌아왔다. 눈 쌓인 차동고개를 넘어오는데 이제부터는 무소의 뿔처럼 당당하게 살리라는 각오를 다지기도 하였다. 그 시간에 거리를 달리는 차는 한 대도 없었다. 대전에서 서산까지 소복이 눈이 쌓인 길 위에 외로운 자동차 바퀴 자국을 그려 놓으면서 나는 홀가분함을 느꼈다. 무한정의 자유를 느꼈다. 새벽 시간 아무도 없는 거리를 나 혼자 달리듯이 복잡한 관계가 사라져 쭉 달리기만 하면 되는 그런 자유를 느꼈다. 날개를 달고 비상하는 무한정의 꿈도 잉태하였다.

뒷좌석에 앉아 있는 아이들은 침묵했다. 나는 그 침묵을 나를 이해하는 침묵이라고 받아들였다. 남편도 부모님의 동의를 구해내진 못했지만 나를 이해하고 있다. 이해하지 못한다 하더라도 상관없다. 그냥 손을 놓으면 되는 것이다. 마음으로는 이미 손을 놓았는지도 모른다. 그러면 할 수 있는 일 아닌가. 내 시간은 온전히 나의 것이다. 아무리 시부모님이라 해도 며느리의 시간까지 구속할 수는 없는 것이다.

참으로 이상한 일이었다. 인연의 끈을 놓기로 맘먹고 돌아서는데 왜 그리도 평온할까. 깜깜한 새벽 눈 쌓인 위험한 고개를 넘고 넘는데 왜 이다지도 홀가분한 것일까. 무거운 짐을 벗어 던지고 날개를 단 것 같았다. 진즉에 이랬어야 했다. 참고 사느냐고 힘들었던 시간, 암을 앓고 난 뒤에도 변한 건 시댁에 대한 나의 인식이었지 나에 대한 시댁 식구들의 인식은 아니었던 것이다. 살아 있다는 것이 감사해서 아이를 내 손으로 키울 수 있다는 것이 감사해서 나머지 부분들은 기꺼이 참고 감내했던 시간들이었다. 대학교에 입학할 때 시댁의 반응에 서운해 하는 나에게 친정어머니는 '서운해 마라, 네 힘으로 공부해야 나중에 떳떳해질 수 있는 법이다, 누군가의 도움을 받으면 당당할 수 없는 법이니 참고 견뎌라' 하시며 나를 달래셨다. 이제는 바뀌게 될 것이다. 자유, 내 마음대로 할 수 있는 자유와 당당함을 얻게 될 것이다.

아이들의 격려에 힘입어 대학원 석사 과정에 입학하였다. 한 학기를 마치는 동안 나는 시댁에 전화 한 통도 하지 않았다. 그사이에 설 명절도 있었고 어버이날도 있었으며 어머님 생신도 있었다. 그러나 나는 침묵했다. 그런데 말을 하지 않는다고 모를까. 남편이 얼마나 힘들어 했는지 나는 알 수 있었다. 왜냐하면 나 역시도 힘들었으니까. 시간이 지나면서 나는 사촌동서들을 통해 시부모님의 근황을 들었다. 명절이 되어도 오지 않는 아들 며느리로 인하여 시부모님께서는 시무룩해 계신다는 것이다. 안 가는 마음도 불편했지만 선뜻 가고 싶은 마음은 생기지 않았다.

그렇게 한 학기를 마치고 종강 파티가 있는 날이었다. 한 학기를 마쳤기 때문일까. 갑자기 가진 자의 여유 같은 것이 스며들었고 나는 시댁에 전화를 하였다. 그때 '전화 한 통 하는 데 왜 이렇게도 오래 걸리느냐' 는 시아버님의 목소리를 듣는 순간 나는 그분이 내 전화를 얼마나 기다리셨는지를 알 수 있었다. 왜 이렇게 오래 걸리느냐는 목소리만으로도 아들 며느리를 애타게 기다리셨던 그분의 마음은 짐작하고도 남았다.

돌아보면 아들과 손주들에 대한 아버님의 사랑 방식과 남편과 자식에 대한 나의 사랑 방식은 서로 달랐다. 그것도 완전히 달랐다. 남매를 낳아 키우신 아버님은 주부라면 시어머님이 그랬던 것처럼 집안을 정갈하게 치워 놓고 따뜻한 밥을 해 놓고 밖에서 일하고 돌아오는 남편을 맞이하고 학교에서 돌아오는 아이들을 맞이해야 했다. 그러나 나는 그것으로 만족할 수 없었다. 먹고사는 것보다는 정신적인 것들을 더 추구했다. 집에서 밥하고 청소

167

하는 엄마가 아니라 아이들이 부끄러워하지 않는 똑똑한 엄마가 되고 싶었다. 아이들이 부끄러워하지 않을 엄마는 바꾸어 말하면 아이들이 자랑스러워 하는 엄마인데 내가 생각하는 그런 엄마는 시아버님 말씀처럼 집에서 청소하고 밥해 놓았다가 맞이해 주는 엄마가 아니었다. 물론 공부를 많이 했다면 그럴 수도 있을 것이지만 내 경우에는 그럴 수 있는 처지가 아니었다. 그것보다 더 시급한 일이 공부해야 하는 일이었다.

결국 서로의 가치관이 너무도 달랐던 것이다. 시집가서 함께 산 15년 동안 보아 온 시부모님의 자식에 대한 사랑 방식은 내가 생각해 왔던 사랑 방식과 달랐고 나는 시부모님의 사랑법에 동의할 수 없었던 것이다. 그러나 며느리라는 이름으로 말 한마디 하지 못하고 무조건 받아들여야 했던 시간들이 내겐 너무도 고통스러웠다.

현대는 물질이 풍요로운 시대이다. 그런데 아이러니하게도 현대인들은 풍요 속에서 결핍을 느끼며 살아간다. 만족할 줄 모르는 것이다. 만족이라는 것은 외부에서 채워지는 것이 아니기 때문이다. 나는 아이들에게 그런 것들을 내면에서 채울 줄 아는 즉 물질의 풍요보다는 정신의 풍요를 가르치고 싶었다. 그러려면 아이들이 능력이 있어야 했다. 물질 앞에 주눅이 들지 않을 수 있는 정신적인 능력 말이다. 아이들을 물질 앞에서 주눅이 들지 않게 키우기 위해서는 내가 먼저 그런 사람이 되어야 했다. 그런데 가난으로 못 배워서 주눅이 들어 있는 내가 어찌 아이들을 주눅이 들지 않게 키울 수 있겠는가.

결국 나는 공부를 해야만 했다. 그래서 능력 있는 엄마가 되어야 했다. 이러한 나의 가치관은 그동안 시댁이라는 커다란 테두리 안에서 숨도 쉬지 못하다가 공부하면서 더욱 확고해졌다. 결국 며느리로서 순종을 미덕으로 알고 살아온 내가 정면으로 반기를 들었던 것이다.

🌳 짝사랑

언제부터일까. 일상에서의 일탈을 꿈꾸었던 것이 아마 초등학교 입학 전후쯤으로 기억한다. 가난으로부터 도망가고 싶었고, 완고한 아버지에게서 벗어나고 싶었으며 사랑할 나이가 되어서는 한 남자의 관심에서조차 도망가려 했으며 결혼해서는 시댁에서 벗어나려 했으나 나는 한 발짝도 움직이지 못하고 그 자리에 서 있다. 여전히 가난하고, 여전히 딸이며, 여전히 아내이고 여전히 며느리의 자리에 있다.

가정주부가 되어 또다시 일탈을 꿈꾼다. 일탈을 꿈꿀 수 없었던 3년의 시간은 나에게 많은 고통과 깨달음을 주었다. 시댁에서 벗어난 뒤 일탈의 시도는 또다시 시작되었고 주부로서 살지 못하고 작가, 학생, 강사에 겸임교수까지, 그 외에도 열거하기 난처한 몇 가지의 이름을 갖고 산다. 바쁘고 힘든 여정에서도 펑퍼짐한 아줌마에서 벗어나고 싶어서 미니스커트를 입고 하이힐을 신는다. 가벼운 옷차림과 경쾌한 스타카토의 걸음걸이는 얼마 지나지 않아 긴 바지와 편한 신발로 갈아 신게 하지만 며칠 지나면 또다시 미니스커트를 입고 하이힐을 신으며 핸드백 대신 책가방을 들고 나선다. 그렇게 끊임없이 일탈을 꿈꾸며 살아왔고 앞으로도 나의 일탈은 계속될 것이다.

일탈의 욕망은 나태하고 권태로운 생활에 팽팽한 긴장감을 주기도 하고 삶에 열정을 불러일으키기도 한다. 그렇게 일탈을 꿈꾸며 살아가면서 많은 사람들과 인연을 맺는다. 인연에게서 더러 아픔도 느끼지만 더러는 행복함도 느낀다. 그런데 가까운 인연일수록 행복보다는 아픔이 더 많은 것 같다. 그것은 거리를 유지하지 못하기 때문일 것이다. 인연과 나 사이의 거리는 서로의 욕망에 따라 아름다울 수도 있고 아플 수도 있는데, 부부나 자녀, 부모나 형제처럼 가까운 사이일수록 거리 유지를 하지 못한다. 그래서 아프다. 그러나 적당한 간격을 유지하고 가는 인연들에게서는 아름다움이 생겨난다. 학문이나 문학 활동을 통해서나 오다가다가 우연히 맺어지기도 하는 인연 중에 더러 놓치고 싶지 않은 사람이 있다. 그런 인연은 내 마음속에 둥지를 틀어 때로 번민을 가져다주기도 하는데, 다가서지도 못하고 그렇다고 돌아설 용기도 없으면서 번민하는 것은 아마도 인연에 대한 욕심 때문이리라. 이성이든 동성이든 간에 좋은 사람과 가까이 지내고 싶은 마음은 때로 생채기를 내기도 하지만 그 생채기조차도 내게는 깨우침이다.

일탈을 꿈꾸며 살아가는 내 삶에 우연히 찾아들어 둥지를 튼 하나의 인연은 내 하늘에 별이 된다. 그래서 내 하늘에는 반짝이는 별들이 많다. 가물가물 잊혀 가는 하얀 별에서부터 오랜 시간 튼튼하게 자리 잡고 나를 지켜 주는 붉은 별, 이제 막 새로 생겨나는 초록 별……. 그 별들 중에 가장 아름다운 별은 많은 시간 아픔과 고통을 함께한 별들이리라.

나는 그 별들과 대화를 하고 글을 쓴다. 그 별들은 뭉뚱그려서 문학이라는 이름으로 다가와 나를 놓아주질 않는다. 끊임없이 생각하게 하고 읽게 하며 쓰게 하고 자라게 한다. 한마디로 짝사랑의 열병을 앓는 것이다.

짝사랑은 받는 자의 것이 아니라 하는 자의 것이다. 인연을 사랑하고 문학을 사랑하는 나는 그래서 행복하다. 일상에 찌들어 지치거나 힘겨울 때 내가 사랑하는 별빛을 보면서 힘을 얻는다. 좋은 엄마가 되고 싶다는 욕망으로 힘을 얻는다. 아이들의 초롱초롱한 눈망울을 비롯하여 다가갈 수 없어서 저만큼의 거리에서 나를 지켜보고 있는 별빛이 있어 나는 부단히 일어서게 된다. 그것이 비록 짝사랑에 불과할지라도 사랑할 수 있어 행복하다.

키보드를 두드리다가 컴퓨터 앞을 떠날 때는 벗어 놓은 매미의 허물처럼 빈껍데기로 남는 나를 느낀다. 동화를 쓸 때는 동화 속의 주인공이 되어 울고 웃으며, 수필 한 편을 쓸 때는 문장 하나하나를 다듬는 과정이 내 삶을 다듬는 과정이기에 썼다가 지우고 다시 한 번 걸러서 또 써 본다. 그러노라면 나도 모르는 사이에 깨달음이 찾아온다.

나에게 글쓰기는 결국 나를 바로 서게 하는 수련의 작업이다. 내 마음속에 있는 것들을 쏟아 놓고 나면 입 안이 헐면서 혓바늘이 돋고 몸의 모든 에너지가 고갈된 상태를 느끼지만 그중에서도 가슴속에 충만이 차오르는 기쁨을 나는 갈망한다. 누군가가 단 한 사람일지라도 내가 쓴 글을 읽고, 공감해 준다면 나는 그것으로 행복할 것이다. 그런 글을 써야 한다. 그것이 내가 세상을 살면서 진 빚을 갚는 일이니까. 그리고 쓸 수 있을 것이다. 내 아이들이 지켜보고 있고 나를 아끼는 인연이 나를 지켜보고 있으니까.

어느 땐 몇 시가 되었는지도 알지 못하고 서재에 있다 보면 뒤에서 엄마, 이것 드시고 하세요, 한다. 뒤돌아보면 아들 녀석이다. 손에는 계란 프라이가 담긴 접시가 들려 있다. 엄마 배고플까 봐서…… 계면쩍은 미소를 짓고 서 있는 아이. 우리는 마주 보고 웃는다. 아이가 엄마, 주스를 드릴까, 우유를 드릴까, 아참 엄마는 우유를 드시면 설사하지, 주스 가져올게요, 라고 한다.

아이가 이야길 나누고 싶구나, 나는 일어나 아이가 해 준 계란 프라이가 담긴 접시를 들고 거실로 나온다. 그리고 이런저런 이야기를 듣는다. 아들 녀석은 기다리기나 했다는 듯이 하루 동안 친구들과 있었던 일이나 선생님께 칭찬받은 일 또는 읽은 책 이야기 등등의 것들을 조잘조잘 쏟아 놓기 시작한다. 그러면 딸아이도 제 방에서 나온다. 그 아이 손에도 계란 프라이가 담긴 접시가 들려 있다. 작은

아이가 공부하는 누나와 엄마를 위해 만든 정성이다. 아니 어쩌면 엄마의 온기가 그리운 작은아이는 엄마가, 아빠가, 누나가 그리웠을 것이다. 우리는 소파에 앉아 작은아이가 해 준 계란 프라이를 먹으며 하루 동안의 이야기들을 주고받는다.

아들이 해 준 간식을 먹는 엄마는 미안하다. 엄마와의 대화가 그립고 정을 그리워하는 아이들의 눈망울을 바라보는 엄마는 미안해서 가슴이 아프다. 그리고 또 감사하다. 나는 아이를 안는다. 볼을 부비고 손을 어루만지고……. 언제부터인지 이야기를 나눌 수 있는 분위기를 둘째인 아들이 만들었다. 이야기를 나눌 때 엄마를 만지고 부비는 것도 작은 녀석이다. 엄마 살은 보드랍고 시원하다는 작은아이는 엄마가 바쁠 때는 누나에게로 간다. 그리고 누나와 이야기를 나누다가 누나의 침대 아래 이불을 깔고 잔다. 작은아이는 그래서 안방의 침대 아래에서도 자고 누나 방에서도 잔다. 올라와서 자라고 하면 그건 또 싫단다. 물론 자기 방에서 자는 날이 제일 많지만 말이다.

괜찮은 엄마가 되고 싶었던 소박한 욕망은 내 이름을 찾아 나를 나로 살게 했다. 내 바람처럼 아이들은 작가인 엄마, 강의를 하는 엄마를 자랑스러워 한다. 때때로 일에 파묻혀 아이들에게 소원해지기도 하고 아내로서 미안함 속에 살아가지만, 아이들은 불평 없이 제자리를 지키며 공부하느라 무심한 엄마를 이해해 주고 좋아한다. 간식거리까지 챙겨 주면서 엄마의 건강을 염려한다. 그러니 나는 아이를 공짜로 키우는 셈이다. 아니 아이들이 나를 키우는 것이라고 해야 옳을 것이다.

어느 땐 책을 보다가 좋은 글귀를 발견해서 들려주고 싶은 충동에 아이들을 돌아보면 아이들은 이미 각자가 들고 있는 책 속에 빠져 있어 말을 걸기가 미안할 정도다. 서로 간섭할 시간이 없는 바쁨 속에서 각자 하고 싶은 것을 자유롭게 할 수 있다는 것 또한 즐기는 눈치다. 아마도 아이들은 끝나지 않을 나의 짝사랑을 눈치 채고 사랑할 것들을 찾아 여행을 하는지도 모른다.

Story **10**

닮아가기

닮아가기

어느 날 시어머님이 내게 말씀하셨다,

돌아보면 너 유진이 키울 때 아이가 밤낮이 바뀌어 아버님이 깰까 봐

새벽에 아이를 안고 골목길을 서성이기도 했으면서 어떻게 새벽밥을 지었느냐고……

3월, 한 학년이 올라가는 신학기가 되면 아이는
집에 돌아와 새로 바뀐 선생님들에 대한 이야기를 한다. 어떤 선
생님은 이래서 좋고 어떤 선생님은 저래서 싫고…… 나름대로
선생님에 대한 평가를 하면서 좋아하기도 하지만 불평도 한다.
그런 아이들의 평은 대부분 학생들 사이에 떠도는 소문에 의한
다. 나는 아이의 말을 전적으로 신뢰하는 것은 아니지만 대부분
은 정확한 판단일 것이라고 생각한다. 왜냐하면 아이들의 눈은
정직하기 때문이다. 강아지나 고양이도 저를 사랑해 주는 사람은
알아보고 꼬리치는 법인데 어찌 아이들이 좋은 선생님과 그렇지
않은 선생님을 못 알아보겠는가.

아이가 선생님의 좋은 점을 이야기할 때 나는 마음에서부터 '감사합니다' 라는 말이 샘솟는다. 그리고 본 적 없는 그 선생님이 좋아지면서 이야기에 따라서는 존경스럽기까지 하다. 아이가 말하는 그 선생님의 좋은 점을 우리 아이가 닮아 갈 것이기 때문이다. 또 그 선생님이 담당하는 과목은 아이가 재미있어할 것이기 때문이다. 그런데 아이가 어느 선생님의 안 좋은 점을 이야기하기 시작하면 저 이야기가 어디까지 흐를 것인가 내 마음은 얼음 위를 걷는 것처럼 졸밋졸밋하다.

아이가 선생님에 대해서 불평을 늘어놓을 때 나는 절대로 거기에 동조하지 않았다. 그렇다고 잘못 보았다고 나무라지도 않았다. 다만 사람의 다양성에 대해서 인식의 차이에 대해서 설명해 주었다.

사람들은 서로 관계를 맺고 살아간다. 그 관계 중에는 소위 말하는 코드가 맞는 사람도 있고 그렇지 않은 사람도 있다. 우리나라의 교육 실정상 선생과 학생 사이 코드가 맞지 않는다면 그 손해는 고스란히 학생 몫으로 돌아온다. 선생님을 싫어하거나 믿지 못하면 배울 수 없기 때문이다. 싫어하는 선생님이 생기면 그 선생이 맡은 과목은 틀림없이 아이가 싫어하는 과목이 될 것이다. 그러면 힘겨운 공부를 해야 한다.

모든 일에는 원인이 있다. 나는 아이가 공부하기 힘들어 할 때 그 원인이 어디 있는가 살펴보고 해결책을 찾아주려고 했다. 무조건 아이의 말만 믿고 싫어하는 선생님에 대해 동조하면서 같이 흉보면 아이는 점점 더 그 선생을 싫어하게 된다. 그렇다고 아이를 나무라서도 안 된다. 아이의 말은 믿어 주되 그 원인이 어디에 있는지 살펴서 빨리 제거해 주어야 한다. 예쁠 수도 있고 미울 수도 있는 다양한 시각을 인정해 주고 긍정적인 시각을 갖도록 해 주어야 한다.

작은아이가 중학교 2학년 때의 일이다. 학교에서 돌아온 아이가 말하기를 학교에서 중간고사를 보았는데 체육 이론 시험에서 정답이 잘못되었다고 한다. 아이는 문제의 답이 틀림없이 1번인데 선생님은 5번이라 하셨다는 것이다. 몇몇 아이들이 선생님께 찾아가 이의를 제기하였는데 혼나기만 했다고 하면서 시험지와 교과서를 내 앞에 내민다.

아이가 지적한 문제와 교과서를 살펴보니까 아이의 말이 맞았다. 체육 선생님은 두 분이셨는데 한 분은 교사용 참고서를 가지고 가르치셨고 한 분은 교과서를 가지고 가르치셨던 모양이다. 시험 문제는 교사용 참고서로 가르친 분이 내셨고 우리 아이는 교과서로 배웠던 것이다. 아마도 심화과정으로 들어가면 5번이 답일 것이라는 예측은 할 수 있었다. 그렇다고 아이가 지적한 1번이 답이 아니라고 할 상황은 아니었다.

전교 10위 권 안의 성적을 놓고 우열을 가리는 아이들에게 5점 짜리 한 문제는 대단한 영향을 끼쳤다. 나는 아이가 들고 온 교과서와 시험 문제를 거듭 확인한 뒤에 학교로 전화를 걸었다. 몇 학년 몇 반 누구의 엄마라고 밝힌 다음 체육 선생님을 부탁했더니 안 계셨다. 다른 선생님은 왜 그러냐고 전해 준다고 하였다. 컴퓨터로 점수가 입력되면 고칠 수 없다는 아이의 말에 나는 지체할 수 없어서 말씀드렸다. 아이의 주장대로 시험문제와 교과서 몇 쪽의 몇 째 줄을 지적하면서 만약에 그것이 답이 아니라면 왜 아닌지 아이들이 이해할 수 있도록 설명해 달라고 청하였다. 그날 아이는 체육 선생님께 불려 갔고 선생님 말씀에 승복하지 않았다고 한다. 결국 학생을 설득하지 못한 선생님은 1번과 5번을 모두 맞는 답으로 처리하기로 하였다는 이야기를 들었다.

그날 저녁이었다. 세 명의 어머니한테 전화가 왔다. 누구 엄마인데, 자기 아들도 그 문제를 가지고 하소연을 하여 찾아보았더니 아이가 맞더라면서 고맙다고 한다. 왜 고마울까 듣고 보니 전화를 한 엄마는 자기 아이에게 불이익이 올까 봐 학교에 전화하지 못했다는 것이다. 또 다른 어머니도 그랬다. 그렇게 그날 세 명의 어머니들한테 전화를 받았다.

불이익보다는 신뢰의 문제였다. 불이익이 두려워서 그냥 넘어간다면 아이들은 자라서 옳음에 대하여 주장할 줄 모르는 용기

없는 사람이 될 수 있다. 또한 상대방에 대한 신뢰에도 문제가 생길 수 있다. 그러나 선생님의 설명을 듣고 자신의 미흡함을 발견한 아이는 사과할 줄도 알고 용기 있게 물러날 줄도 안다. 그러지 못할 경우에는 선생님도 아이들도 좋은 관계 형성이 어려워진다. 나는 그것이 염려되어 전화를 했던 것이고 선생님 역시도 그래서 귀 기울여 주셨던 것이리라.

선생님이 좋아지기 시작하면 그 선생님이 가르치는 과목은 걱정을 안 해도 된다. 중학교 때 생물 선생님이 해 주시는 칭찬 한마디에 그 선생님을 좋아했고 나는 졸업할 때까지 생물을 만점받았던 기억을 가지고 있다. 그만큼 아이들을 가르치는 선생님의 영향은 크고 오래간다. 아이에게 공부에 흥미를 갖게 하는 사람도 그렇지 않게 하는 사람도 선생님이라고 하면 과언일까. 어쨌든 학교에 다니는 학생에게 선생님은 그렇게 중요한 사람이다. 그런데 아이가 선생님에 대한 부정적인 인식을 가지게 된다면 아이는 힘겨운 학교생활을 해야 한다. 어찌 엄마가 그런 일에 무심할 수 있겠는가.

엄마로서 아이에게 선생님에 대한 긍정적인 인식을 심어 주는 일은 그만큼 중요하고 시급한 일이다. 선생으로서 나를 좋아하고 따르는 학생이나 내가 가르치는 과목을 좋아하고 잘하는 학생에게 관심이 가는 것은 지극히 자연스러운 일이고 그 효과는 측량

할 수 없는 것이다. 그러므로 배우려는 사람은 배울 자세부터 갖추어야 한다. 아이들이 어려서 그 자세를 갖는 데 미숙하다면 부모는 그것부터 도와주어야 한다.

3월과 4월 신학기가 되면 나는 아이가 말하는 부정적인 선생님의 긍정적인 면을 부각시키기 위해 노력했다. 인간은 누구나 장단점을 가지고 있는데 단점을 보게 되면 그것을 닮아 가게 되고 장점을 보게 되면 또 그것을 닮아 가게 된다고 지적하면서 단점을 부각시킨 선생님이 교단에 선 세월을 이야기해 준다. 그 세월이 가지고 있을 앎에 대해서 이야기하면서 장점을 찾아보라고 한다. 장점을 찾지 못하고 단점만 찾게 되면 너는 그 선생님의 단점을 닮아 가게 될 거라고 이야기한다. 2~3주, 혹은 3~4주, 선생님에 따라서는 2개월 정도 소요될 때도 있지만 아이는 틀림없이 말한다. 그 선생님 이러이러한 좋은 면이 있더라고, 그 선생님이 나의 이런 면을 지적하여 칭찬하여 주셨다고, 이제부터는 그 선생님이 좋아질 것 같다고 말이다. 나는 그제야 안심한다. 그 과목은 틀림없이 잘할 것이고 선생님으로부터 사랑을 받을 수 있을 것이며 나아가 선생님의 장점을 닮아 갈 것이기 때문이다.

언젠가 고 3생으로 올라가는 아이가 수학이 재미있다고 하는 말을 들었다. 특별하게 과외를 시키지도 않았고 학원에도 보내지 않았는데 왜 그럴까. 혼자서 공부하는 아이가 어째서 힘들어 하던 수학이 재미있어졌을까 궁금했는데 이유인 즉 이랬다.

어느 날 교무실에 가게 되었는데 수학 선생님께서 당신이 보시는 문제집을 아이에게 주더란다. 그 선생님은 아이들이 싫어하는 선생님 중의 한 분이었다고 한다. 아이들이 너무 싫어해서 안쓰럽게 생각하던 터였다고 하는데 그분이 큰아이에게 한 권밖에 없다는 교사용 문제집을 주시면서 심화과정이어서 좀 어렵긴 한데 그걸 한번 풀어 보라고 하더란다. 수학 선생님으로부터 문제집을 받아 든 아이는 선생님의 배려에 보답하고 싶었다고 한다. 그래서 틈나는 대로 풀기 시작했고 너무 어려워 끙끙 고민도 하면서 푸는 데 '한 권밖에 없다'는 선생님 말씀이 감사하고도 송구스러워서 서점에 들러 찾아보았다고 한다. 주신 것은 풀고 똑같은 것을 한 권 사다 드릴 요량으로 말이다. 그러나 서점에도 그 문제집은 없었으며 서점 주인은 시중에 잘 안 나오는 것이라고 하더란다. 그 말을 들은 아이는 더욱더 열심히 풀었고 두 번을 풀고 났더니 갑자기 수학이 쉬워졌다는 것이다. 그 뒤로 아이는 문과 학생들 중에서 수학을 제일 잘하는 아이가 되었고 더러는 어려운 문제를 선생님과 함께 풀고 고민하는 파트너가 될 수 있었다.

그것은 선생님이 아이를 믿어 주었기에 가능했던 일이다. 또한 그 믿음을 저버리고 싶지 않았던 우리 아이의 노력이 있었기에 가능했던 일이다. 선생님이 주신 단 한 권의 문제집을 통해 우리 아이는 어려운 수학을 좋아하게 되었는데 그것을 어찌 값으로 셈할 수 있겠는가. 나는 그분이 어떤 선생님인지 뵌 적은 없지만 아이에 대한 신뢰와 배려, 사랑은 잊지 못하고 있다.

아이는 학교에서 친구들의 질문에 가르쳐 주는 친구가 되었다고 한다. 덕분에 야간자습 시간에 제 공부를 할 수 없다고 투덜거리면서 독서실로 향하기도 했지만 친구들에게 수학을 설명해 주고 이해시켜 줄 수 있는 아이의 실력은 한 권의 참고서를 내밀면서 믿어 주시던 선생님이 계셨기에 가능했던 일이다. 상호 신뢰를 바탕으로 한 사랑은 전염되고 확대되면서 사람을 변화시키는 속성을 가지고 있다. 아이는 틀림없이 그 선생님의 긍정적인 면을 닮아 갈 것이다.

그런데 아이들뿐만 아니라 어른들 세계에서도 상대의 긍정적인 면을 보는 시각을 갖는 건 쉬운 일은 아닌 것 같다. 그동안 시댁과의 관계에서 힘들었던 시간들을 돌아보면 내 경우에 특히 더했던 것인데, 그 시간들로 인하여 아이들에게 긍정적인 인식의 중요성을 더 강요하는지도 모른다.

어느 날 시어머님이 내게 말씀하셨다, 돌아보면 너 유진이 키울 때 아이가 밤낮이 바뀌어 아버님이 깰까 봐 새벽에 아이를 안고 골목길을 서성이기도 했으면서 어떻게 새벽밥을 지었느냐고.

그 말씀을 듣는 순간 나는 깜짝 놀랐다. 몸도 정신도 건강하지 못한 상태의 어머니께서 어떻게 저런 말씀을 하실까, 다 기억하고 계셨다는 말인가, 목울대가 뼈근해져 왔다. 어머님이 그걸 알고 계셨느냐고 여쭙고 싶었지만 말보다도 눈물이 먼저 나와 그럴 수가 없었다. 어머님은 말씀을 계속하셨다. 형님들이 나보고 외며느리 하나 똑소리 나게 잘 얻었다고 칭찬하는데 혹시 너도 네 사촌 동서들처럼 그동안 시어미에게 서운했던 것 있었느냐, 그런 것 있으면 내가 무식했던 탓이니 이해하라고 하신다.

온전하지도 않은 어머님께서 어찌 저런 걸 다 기억하고 있으며 어떻게 저런 말씀하실 수 있을까. 놀라움과 함께 며느리와 시어머니 이전에 같은 여자로서의 마음이 느껴졌다. 오직 당신 자식을 위했던 어머니의 마음 말이다.

물론 어머니 세대와 나의 세대는 환경이 달라 자식을 키우고 사랑하는 방식은 달랐지만 마음만은 같았다. 지금 커 가는 내 아이들을 보면 저리도 사랑스러운데 어머님인들 고이고이 키운 외아들이 어찌 사랑스럽지 않겠는가. 그 아들을 생각하면 어떤 며느리인들 족함이 있겠는가. 게다가 아들이 사업한다고 고생하는데 며느리가 돕지는 않고 공부한답시고 돈을 쓰며 돌아다니니 밉기도 했을 것이다.

나 역시도 당시에 왜 나에게 그렇게 하시는지 이해할 수 없었고 이해하려고도 하지 않았다. 지금 내 아이들에게 대하듯이 젊은 내가 이해할 수 있도록 어른들께 설명하고 말씀드렸더라면 그토록 심한 마찰은 없었을 것인데 말이다.

결국 어머님은 어머님이셨다. 그때 서로 생각이 달라 대립했던 것은 시부모님이나 나나 마찬가지로 편협했던 것인데 교수인 며느리보다 노인이고 환자인 시어머님이 먼저 말씀하시니 말이다.

반백의 머리, 절룩거리는 걸음걸이, 뇌경색으로 한 번 넘어지시고 난 뒤로는 과거의 기억에 매달려 울고 웃고 하시는 어머님이 지금 붙들고 사시는 것은 오직 사랑밖에 없다. 자식과 손주들에 대한 사랑 말이다. 예전에 아들에 집착했던 시부모님의 사랑은 이제 내 아이들인 손녀와 손자를 향하고 있다. 그분들에게 대학생인 손녀는 미스코리아보다 더 예쁘고 고등학생인 손자는 천하장사보다 더 믿음직스럽다. 그런 손녀와 손자를 낳고 키운 며느리는 세상에서 가장 똑똑하다. 그래서 아들 며느리가 간다고 하면 당신이 준비하실 수 있는 한 모든 걸 준비했다가 주신다. 고생한다, 힘들겠다, 하시면서 시아버님은 며느리에게 학비 한 번 대 주지 못했음을 이야기하면서 염치없다 면목 없다고 하신다. 그 모습을 보기도 마음 아프다. 한 20년 부대끼며 살다 보니 시아버님이나 시어머님의 눈빛만 봐도 마음을 알고 이해하는 사이가 되어 버렸다. 시어머님 역시도 나의 눈빛만 보아도 아시는 것 같다. 그리고 보면 그동안 우리는 서로 참 많이도 닮아 갔다.

Story **11**

스스로 하는 아이

스스로 하는 아이

"엄마, 나는 독학했어." 엉엉 우는 아이의 입에서 나온 말이다.
학원에라도 한 번 보내 볼 걸 그랬구나, 과외라도 한 번 시켜 줄 걸 그랬구나,
가슴이 미어지는 순간이었다.

큰아이가 중학교 들어가게 되었을 때, 나는 그 아이에게 교복의 블라우스를 손세탁하는 법부터 가르쳤다. 학교에서 돌아와 샤워를 할 때 속옷과 블라우스는 손으로 조물조물 세탁하게 했다. 아이는 하나씩 배워 가더니 잘해 나갔다. 그러다가 블라우스를 세탁하기 귀찮으면 이틀씩 입는 눈치였으나 그렇다고 내가 해 주지는 않았다. 바쁘기도 했지만 그보다는 중학생이 되었으면 그 정도는 스스로 할 수 있어야 한다는 판단에서였다. 그래야 어디에 가도 제 할 일을 스스로 할 줄 알 테니까.

아이는 한 번도 내게 도움을 요청하지 않았다. 시험 때나 더러 몸이 아파도 내게 교복 세탁을 부탁하지 않았다. 그 모습이 때로

는 안타깝기도 했지만 아이는 불평 없이 마땅히 그래야 하는 것으로 알고 해 나갔다. 고등학생이 되었을 때 교복 블라우스를 두 개를 맞춰 준다고 하였더니 이이가 거절한다. 중학교 때노 하나를 가지고 스스로 잘 빨아 입고 다녔는데 이제 고등학생이 되어 더 잘할 수 있는데 왜 두 개가 필요하냐는 것이다. 듣고 보니 기특하여 다른 옷을 사 주마고 하였다. 그것도 거절한다. 사복을 입을 시간이 없는 바쁜 고등학생이라면서 말이다. 혹시 내가 나쁜 엄마는 아닐까. 인색한 엄마는 아닐까. 계모 같다고 되돌아보아지는 순간이기도 했다.

고 3이 되어서는 가끔씩 내가 교복을 손세탁을 해 주겠다고 내놓으라고 하였다. 늦은 밤에 야간자습을 마치고 지쳐서 돌아오는 아이에게 블라우스까지 빨아 입게 하기에는 너무 안쓰러웠기 때문이다. 그러나 아이는 씻으러 들어갈 때 블라우스와 속옷을 가지고 들어갔다. 이미 습관이 되어 버린 것이다. 독수리는 새끼에게 나는 법을 가르칠 때 절벽에서 새끼를 아래로 밀어낸다는데 그때 어미 독수리의 마음은 어떠할까.

사대부고에 간 지 한 달 된 작은아이가 집에 돌아와서는 담임선생님한테 칭찬 들었다고 좋아한다. 공부를 잘했나, 시험을 잘 봤나, 뭘 잘했기에 칭찬을 들었느냐고 물었더니 청소를 잘했다는 것이다.

그 말을 들었을 때 나는 피식 웃었다. 야, 너도 공부를 잘한다거나 시험을 백 점 받았다거나 해서 칭찬을 들어야지 어떻게 그 우수한 애들이 모인 학교에서 청소를 잘한다는 칭찬을 듣니, 하면서 투정을 부렸더니 아이는 공부 잘하는 애들은 많은데 청소 잘하는 애들은 별로 없다고 한다. 옆에서 잠자코 듣고 있던 큰아이는 자기도 중고등학교 때 줄곧 청소를 잘한다는 칭찬을 맡아 놓고 들었는데 너도 그러느냐면서 한마디 거든다.

그러데 청소를 잘해서 칭찬을 받는다는 아이들은 집에 와서는 청소도 하지 않고 뭉그적거린다. 깔끔을 떨지도 않는다. 밖에서 잘하려니 집에서는 풀어진다는 것이다. 나는 그 이야기를 들으면서 아이들에게 집에서도 치울 것을 요구하지만 속으로는 좀 어질러지면 어떻고 지저분하면 어떠랴 싶어서 함께 웃는다.

작은아이는 엄마, 있잖아요, 우리 학교 애들 중에 설거지를 해 보지 않은 아이들이 많다는 거 처음으로 알았어요, 설거지는 물론이고 청소기도 안 돌려 보고 쓰레기도 안 버려 보았다는 아이들도 많다고 한다. 설거지는 물론이고 청소기에 걸레질, 쓰레기 분리수거까지 도맡아 해 온 작은아이로서는 이해가 안 되었던 모양이다. 작은아이는 소소하고 번잡한 일들까지 집안일이라면 제일인 줄 알아서 기꺼이 하는 아이였다. 그래서 나는 너희는 대단한 아이들이야. 학교 친구들뿐만 아니라 엄마가 너희 나이였을 때를 떠올려 보아도 그러지 못했는데 너희는 정말로 훌륭하다고 솔직하게 인정한다. 나아가 어떻게 나한테서 너희 같은 아이들이 생겼는지 신기하다고까지 말해 버린다. 그러면 아이들은 니무 좋아하지 마 엄마, 엄마 닮아서 못 치우고 엄마 닮아서 덜렁대고, 엄마 닮아서 깜박깜박 잊고 엄마 닮아서 못하는 것도 많으니까 못한다고 뭐라고 하지 말라면서 잘못했을 때를 대비하여 미리 못 박아 둔다. 그럴 땐 엄마로서 체면도 안 서 꼼짝도 못한다. 반박할 말도 없다.

아이를 잘 키우기 위해서 엄마는 때로 아파야 했다. 아이가 스스로 하는 걸 지켜보는 것은 엄마인 내가 해 주는 것보다 훨씬 더 어렵다. 내가 하면 쉽게 할 수 있는 일을 아이는 어렵게 시도하는데 그걸 지켜보아야 하는 것은 어른으로서 힘든 일이었다. 준비물 챙기는 법, 아침에 일어나는 법, 스스로 찾아 공부하는 법, 교복 세탁하는 법과 청소기를 돌리게 하고 세탁기도 돌리게 하고 밥을 하게 하는 등 아이들에게 스스로 하게 하면서 나는 가혹한 엄마라는 생각을 참 많이 하였다.

큰아이가 중학교 때 소위 논다는 친구들에 대한 이야기를 할 때였다. 나는 우리 아이를 염려하여 나쁜 학생들과 어울리지 말라고 하였다. 그랬더니 아이가 엄마, 선생님이나 아줌마들이 말하는 나쁜 학생들 자세히 보면 나쁘지 않아요. 어른들의 관점에서는 나쁘게 보일지 모르지만 얼마나 착하다고요. 저랑 친한 아이가 선생님 눈 밖에 나서 나쁜 학생이라는 소릴 듣는데 그 애는 의리도 있고 효녀이고 정도 많아요, 라고 말한다. 단지 선생님 말씀에 몇 번 어긋나면 나쁜 학생이라 하는데 그 이유는 성적이 좋지 않은 데 연유한다는 것이다. 그러니까 공부 잘하는 아이는 선생님 말씀에 어긋나도 무사히 통과되는 일이 그렇지 않은 아이에게는 불량학생이라는 낙인이 찍힌다는 것이다. 그 말을 듣는 순간 편협하고 이기적인 내 마음을 들킨 것 같아 많이 부끄러웠다.

스스로 하던 큰아이는 고등학교를 다니는 3년 동안 사교육비 들이지 않고 장학금을 받아오는 아이가 되었다. 물론 가끔 인터넷 강의는 들었지만 집에서 혼자 해냈다는 아이의 성취감은 자못 큰 듯하였다. 그뿐이 아니었다. 학교 다니면서 선생님들의 사랑과 관심을 독차지하여 선생님들이 출근길에 태워 가고 퇴근길에 태워다 주기도 하였다. 어쩌다가 지각을 하여도 대부분이 무사통과되는 아이였다. 그런데도 불구하고 나는 마음 한구석에서 강남의 8학군 아이들처럼 더 좋은 환경을 만들어 주었더라면 더 잘하지 않았을까 하는 이기적인 엄마로서의 아쉬움을 완전히 버릴 수는 없었다.

큰아이가 수능시험을 보고 온 날을 나는 잊을 수가 없다. 생각한 만큼 점수가 나오지 않은 것이다. 가채점을 한 아이는 베란다로 나가더니 창문을 열고 엉엉 운다. "엄마, 나는 독학했어." 엉엉 우는 아이의 입에서 나온 말이다. 학원에라도 한 번 보내 볼 걸 그랬구나, 과외라도 한 번 시켜 줄 걸 그랬구나, 가슴이 미어지는 순간이었다.

서울대 수시모집에서 떨어지고 난 뒤 정시모집에 응시하겠다고 벼르던 아이였다. 그러나 제 뜻대로 안 되자 베란다 창문은 물론 방충망까지 열어 놓고 깊은 심호흡을 하면서 엉엉 우는 것이 아닌가. 밖에서는 눈보라가 들이치고 있었다. 나는 뒤에 서서 우는 딸아이의 뒷모습을 바라보았다. 함께 울 수 있다면 속이 시원할 터였다. 그런데 그럴 수도 없어 노심초사 가슴을 부여잡고 울고 있는 아이의 뒷모습만 안타까이 바라보았다. 방정맞게도 불길한 생각까지 들어 방충망이라도 닫고 울었으면 좋겠는데 답답한 가슴을 어찌할 줄 몰라 하는 아이는 전혀 그럴 의사가 없는 듯했다. 얼마 동안 그렇게 울었는지 모른다. 얼마 동안 그렇게 바라보았는지 모른다.

울던 아이가 내게 말한다. 엄마, 현중이는 학원에라도 보내, 그러면 원하는 대학에 갈 수 있을 거야, 라고. 필요한 과목은 인터넷 강의를 들으면서 혼자 묵묵히 공부하던 아이였다. 스스로 원했으면 과외든 학원이든 보냈을 텐데 중학교 때 학원에 다녀 보더니 혼자 하겠다고 해서 알아서 하라고 맡겨 두었었다. 그런데 수능시험을 보고 나자 후회스러운 모양이었다. 사교육에 대한 부작용을 강조하지만 혼자 공부하여 경쟁하기에는 너무나 어려운 게 우리의 현실이다.

나는 울고 난 아이를 달래야 했다. 서울대가 행복의 섬이라면 엄마가 어떻게 해서든지 들어갈 수 있게 해 주고 싶지만 절대 그런 곳은 아니다. 서울대가 행복이 아닌 것이다. 만약 서울대가 행복의 섬이라면 그곳 출신은 다 행복해야 하고 다 성공해야 한다. 그러나 세상은 그렇지 않다. 하나님은 공평하셔서 스스로 노력하고 발견하는 자에게 행복을 주신다. 그리고 인간지사 새옹지마(人間之事 塞翁之馬)이기 때문에 서러워할 것도 기뻐할 것도 그리 많지 않다. 네가 하고 싶은 일을 해라. 그것이 무엇이든지 즐겁고 행복할 수 있는 일이면 된다. 그런 일을 할 수 있는 대학을 찾으면 된다고 아이를 설득하였다.

Story **12**

대학 강단에 서다

&

essay

아름다움에 대하여

대학 강단에 서다

"상처가 많은 아이들이다, 사랑으로 가르쳐라."
처음 강단에 서게 되었다고 대학원 지도교수님께 말씀드렸을 때
김수복 선생님께서 내게 하신 말씀이다.

새벽 첫차를 타고 서울로 올라갔다가 막차를 타고 내려오기를 5년. 그동안 나는 석사 과정과 박사 과정에서 공부를 하였다. 새벽차를 타고 올라가는 기분도 만만치 않게 좋았다. 이른 새벽, 잠자는 아파트를 내 구두 발짝 소리가 깨웠고 버스에 앉아 시내를 벗어날 때는 서산이 깨어나는 것을 보았다. 그러고는 하루 9시간의 강의를 듣고 막차를 타고 내려왔다. 몸은 굳어 힘들지만 서산에 내리면 남편은 막차 시간에 맞추어 차를 대기시키고 기다려 주었다.

대학원은 학부처럼 매일 다니지 않아도 되었다. 이틀만 나가면 되었지만 시간표를 잘 짜면 하루에도 가능했다. 그 대신 집에서

준비해야 할 것들이 많았다. 리포트 작성과 과제물 준비 등 대학원은 스스로 공부하고 연구하는 곳이었다.

공부하면서 우리나라 아동에 대한 인식을 알 수 있었다. 아동에 대해서 왜 그리도 무심하고 인색했던가, 아동에 대한 인식부터 올바로 해야만 아동들이 바로 성장할 수 있을 텐데 말이다. 그 아동들이 우리나라의 미래를 책임질 것이고 세계의 미래를 책임질 것인데 말이다. 건강한 묘목이라야만 거목이 될 수 있다. 눈을 돌려 세계를 보면 아동에 대한, 노인에 대한 이해와 배려가 잘된 나라일수록 선진국이다.

학부에서 문예창작 전반에 걸친 이론과 실습은 물론 아동심리, 부모교육, 인간심리, 교육심리, 동양철학, 서양철학 등을 수강하여 공부하였던 것은 대학원에서 아동문학에 대한 깊이 있는 연구에 많은 도움을 주었다. 물론 학부에서처럼 일반문학도 공부했다. 석사 과정은 각각의 대학에서 온 사람들로 전공이 다른 사람도 있어 일정한 수준을 이루지 못하였으나 박사 과정은 달랐다. 일정한 수준에 이르지 못하면 망신당하기 십상이니까.

공부하면서 가장 가슴에 남은 것은 서계 박세당 선생님이나 다산 정약용 선생님, 만해 한용운 선생님을 비롯하여 공자와 노자 장자를 가르쳐 주셨던 윤재근 선생님의 모습이다. 최근에 출판한 악론(樂論)을 비롯하여 노자나 장자 등 동양사상에 관하여 많은 저술을 하신 윤재근 선생님에 대해서 내가 어찌 감히 논할 수 있을까만 내가 대학원에서 그분의 강의를 세 학기 동안 들을 수 있었던 것은 크나큰 축복이었다. 그분과의 인연을 통해 나는 아이들을 가르치는 스승의 도리에 대해서 배웠고 어머니의 도리에 대해서 배웠으며 아버지의 역할에 대해서 배웠고 나아가 세상에 대해 삶에 대해 관조하는 태도를 배웠다. 물론 현실에서는 배운 것의 십분의 일도 흉내 내지 못하는 실정이지만 나의 가슴에는 늘 그분의 가르침이 살아 숨 쉬고 있고 그것을 바탕으로 강단에 선다.

석사 과정을 하면서부터 대학원에서 배운 다양한 것들을 바탕으로 해미주부독서회의 글쓰기 지도와 서산 시립 주부 독서회의 글쓰기 지도를 하였다. 주부들과 함께하는 시간, 나는 주부가 되어 그들과 함께 울고 웃으며 글쓰기를 지도했다. 당차고 똑똑한 주부들도 있었지만 예전의 나처럼 주눅과 열등감을 안고 사는 주부들도 많았다. 나는 그들과 함께 호흡하면서 좋은 엄마, 현명한 아내의 길을 함께 모색하였다. 육아에 대한 그들의 고민을 함께하였고 혼란한 시기 흔들리는 가장에 대한 그들의 고민도 함께하였다. 물론 나 역시도 같은 입장이었으니까.

석사 논문을 통과했을 때, 학부 지도교수님께서 전화를 하셨다. 석사 학위를 받았으니 모교에서 아동문학에 대해 강의를 하라는 것이다. 내가 강단에 설 수 있을까 겁이 났으나 박사 과정에서 공부하면서 임하기 때문에 할 수 있을 것이라는 생각이 들었다. 아니 잘할 수 있을 거라는 확신이 섰다. 학생들은 나의 후배이기도 하기에 남다른 애정도 솟았다. 그리하여 나는 많은 것들을 배우고 깨우친 학교, 나를 키워 준 한서대학교의 강단에 서게 되었다.

"상처가 많은 아이들이다, 사랑으로 가르쳐라."

처음 강단에 서게 되었다고 대학원 지도교수님께 말씀드렸을 때 김수복 선생님께서 내게 하신 말씀이다. 나는 '예'라고 대답은 하였으나 초등학생이라면 몰라도 대학생을 실력으로 가르쳐야지 어찌 사랑으로 가르치라고 하시는지 이해하지 못하였다. 사랑으로 임하게 되면 실력은 저절로 갖춰지게 된다는 사실은 한참 가르치고 난 뒤에야 깨닫게 되었다. 현재 그 말씀은 나의 교육관이 되어 어떠한 경우일지라도 학생들 편에 서서 이해하고 사랑할 수 있는 교수가 되고자 노력하게 한다.

일 년을 강사로서 강단에 섰을 때 학부 때 지도교수님께서 겸임교수가 되기 위한 서류를 준비하라고 하였다. 그때가 박사 과정 2년 차였고 큰아이가 고3 수험생일 때였다. 나는 겸임교수가 무엇인지 몰라서 선생님께 여쭤 보았다. 선생님께서는 어이가 없으신 모양이셨다. 강사는 말 그대로 강사이고 교수는 교육부에서 인정하는 교수인데 그것도 모르느냐고 하시는 것이 아닌가. 강의를 하는 사람들은 강사이거나 교수 둘 중의 하나인 줄 알았다. 그런데 알고 보니 교수라 하여도 전임교수를 비롯하여 겸임교수, 초빙교수, 대우교수, 명예교수, 석좌교수…… 참 다양하다는 걸 처음으로 알았다. 그쪽 세계에 대해서는 나는 참 모르는 게 많았다.

그것은 교수가 나의 목표가 아니었기 때문일 것이다. 좋은 엄마가 되는 것만이 나의 유일한 목표였다. 그런데 운명이었을까. 좋은 엄마가 되고 싶어 공부를 시작하였는데 그만 작가가 되고 교수가 되었다. 신기한 것은 교수는 교수일 뿐이지 좋은 엄마가 아닌데도 불구하고 아이들은 교수 엄마를 좋아하였다. 엄마가 자랑스럽다는 것이다. 남편도 도와주지도 못하였는데 교수가 되었다고 대견해 하였다.

아이들은 점점 학년이 올라가면서 스스로 알아서 공부를 하였다. 초등학교 때보다는 중학교 때가, 중학교 때보다는 고등학교 때가 공부에 더 재미를 붙였다. 그것은 작은아이도 마찬가지였다. 무엇이든지 만들면서 놀던 아이는 이제 지적인 희열을 알게 되었고 가끔씩 몰입하는 것을 볼 수 있었다.

큰아이는 수험생이 되더니 잠을 줄였다. 나는 12시가 넘도록 공부하고 있는 큰아이가 걱정스러워 자라고 재촉한다. 잠을 충분히 자야만 맑은 정신으로 공부할 수 있다고 자라고 아이를 설득한다. 그러면 큰아이는 자기가 알아서 하겠다고 엄마 먼저 자라고 한다. 나는 먼저 눕기가 미안하다. 저렇게 열심히 노력하는 아이를 두고 엄마가 어찌 쿨쿨 잠을 잘 수 있다는 말인가. 나는 졸린 눈을 비비면서 다시 책을 들고 소파에 앉는다. 그렇게 한두 시간을 더 읽다 보면 화장실에 가려고 나온 아이가 깜짝 놀라 '엄마 아직도 안 잤어? 내일 강의 없어?' 라고 묻는다. 딸이 공부하고 있는데 엄마가 어떻게 자느냐고 대답하면 아이는 빙그레 웃으면서 이젠 잘게, 엄마도 자, 라고 한다. 결국 큰아이는 공부하는 모습을 보이는 것으로 엄마인 나를 공부시킨 셈이다. 더러는 아이가 공부하는 것을 보면서 먼저 잠들기도 했는데 생각해 보면 참으로 미안한 일이다.

아름다움에 대하여

　올해 대학에 입학한 딸아이가 엄마 나 쌍꺼풀 수술할까, 거울을 들여다보며 내게 물었다. 수술은 무슨 수술이야. 네 눈이 얼마나 예쁜데 수술을 하니? 라며 갑작스런 질문에 당황한 나는 서둘러 말거리를 찾아 전투태세를 갖춘다. 자칫하다간 쌍꺼풀 수술비를 마련해야 할 상황이기 때문이다. 기러기 날개 같은 예쁜 눈썹에 쌍꺼풀 없는 큰 눈의 동양적 이미지가 얼마나 예쁜데 하면서 이런저런 곳에 의미를 부여하다가 그런 눈썹과 눈을 준 엄마에게 감사하라는 말까지 덧붙인다. 쌍꺼풀이 있으면 더 예쁘잖아, 딸아이는 다시 투덜거리고 나는 또 쌍꺼풀이 없는 딸아이의 눈이 가진 동양적인 매력에 대해 늘어놓았다.

　어쩌다가 딸아이와 함께 텔레비전을 보게 되면 딸아이는 엄마, 저애는 누구인데 코가 참 예쁘지? 저애는 누구인데 눈을 잘 봐 참 예쁘지, 저애는 누구인데 턱 선이 예뻐, 하면서 화면에 나타나는 사람의 특징을 설명해 준다. 그 설명을 따라 바라보는 내 표정에 반응이 없자 아이는 한술 더 뜬다. 엄마는 또 잊었어? 지난번도 알려 줬잖아, 눈이 예쁜 저애는 어느 대학 나온 누구라고 말이야, 실망스러워 하는 딸아이. 이름을 알려 주고 출신학교를 알려 주고 외모에 대한 특징을 알려 줘도 예쁘구나, 대답해 놓고 잠깐 한눈을 팔면 나는 그 사람이 그 사람만 같아 눈을 씀벅인다. 그러면 딸아이는 우리 엄마 큰일났네 벌써 눈이 그러면 어떡해 엄마, 아이고 흰머리도 생겼네, 여기 앉아 봐 엄마, 하면서 쌍꺼풀 수술을 운운하던 딸아이는 어느새 족집게를 들고 와 내 곁을 스치는 시간을 한탄한다.

내 눈은 동양 여자는 동양 여자끼리 서양 여자는 또 서양 여자들끼리 구별은 할 줄 알되 나라별로는 구별 못하니 개인별로 구별 못하는 것은 당연한 일이다. 그런데 요즘 그 현상이 내 나라의 소위 뜬다는 스타들도 구별하지 못하고 있다.

며칠 전에는 십여 년 전 아래층에 살던 지인이 찾아왔는데 그 댁의 쌍둥이를 보는 순간 나는 누가 언니이고 누가 동생인지 대뜸 구별해 냈다. 중학교 3학년이 된 일란성 쌍둥이를 대여섯 살 때 보고 처음 보는데도 불구하고 기억하려고 애쓸 필요도 없었다. 그런데 젊은 스타들에 대해서는 구별이 잘 안 되는 건 무슨 이유일까. 그것을 딸아이 말처럼 내 곁을 스쳐 간 세월 탓이라 하기엔 흡족치 않다. 나의 무관심 때문일 수도 있겠지만 그보다는 요즘 젊은 사람들이 선호하는 획일적인 아름다움 때문이 아닐까 변명거리를 찾아본다.

얼마 전에 한 시인은 성형수술도 의료보험 혜택이 되어야 한다는 주장을 하였다. 외모로 인해 열등감과 소외감을 느끼는 것도 일종의 정신적 장애라는 이유 때문이다. 외적인 아름다움이 개인의 삶에 영향을 주는 정도는 사람마다 다르고 심할 경우 사회생활에 지장을 초래한다니 그것을 극복하는 길이 성형수술을 하는 것이라면 마땅히 의료보험 혜택이 있어야 한다는 그의 주장이 설득력 있게 들려왔다.

두 해 전 여름에 학술세미나 참석차 터키에 갔을 때 가이드가 특별히 조심시킨 게 있다. 그곳 남자들이 동양 여자, 특히 한국 여자이나 일본 여자를 좋아해 틈만 나면 가까이 다가오니 조심하라는 것이다. 그들의 눈에 가장 아름다운 여성의 모습이 작은 키의 동양 여자라니 놀라웠다. 우리는 서구 여성의 외모를 따라가기 바쁜데 말이다. 아닌 게 아니라 이동할 때마다 그곳 남성들의 눈길을 느끼는 건 어렵지 않아 이곳에서 살면 나 같은 사람도 예쁘다는 대접받겠구나 싶었다. 또한 아제르바이잔에 가게 되었을 때 어떤 나라일까 사전 정보를 검색하느라 인터넷으로 들어가 보았더니 그곳 대통령 부부의 사진이 올라와 있었다. 가슴이 저렇게 크면 옷맵시로라도 대충은 가릴 수 있으련만 대통령 곁에 서 있는 여인은 전혀 그런 의사가 없는 옷차림을 하고 서 있었다. 아니 오히려 커다란 가슴이 돋보이도록 옷을 입었는데 그녀를 보고 있노라니 가슴만 눈에 들어온다. 순간 초가지붕에 얹혀 있는 하얀 박덩이가 떠올랐다. 영부인이 저래서 야 어쩌나, 그녀의 풍만한 몸매와 옷 입는 스타일은 뭇 사람들의 입 방아 거리가 되고도 남을 것 같아 안쓰러운 마음까지 들었다.

그런데 그런 영부인의 몸매가 그곳에서 가장 아름다운 여성의 기 준이 된다는 것은 아제르바이잔에 가 본 뒤에야 알게 되었고 만찬장 에 나와서 축사를 하던 교육부장관인 여인을 통해 확인까지 하게 되 었다. 그녀는 꽃분홍색 실크로 된 하늘거리는 쓰리피스를 입고 있었 는데 서 있기조차 버거울 것만 같은 커다란 가슴을 보란 듯이 턱하 니 내밀고 축사를 하고 있었다. 앙상블로 걸치는 겉옷의 단추를 풀 어놓고 말이다. 풍만한 여성이 저토록 아름다울 수 있을까. 축사가 끝난 뒤에도 나는 그녀에게서 눈길을 뗄 수가 없었다.

아제르바이잔의 수도인 바쿠 시내에서 본 여성들도 몸매가 드러 나도록 옷을 입고 다녔다. 몸매를 가릴 수 있는 헐렁헐렁한 옷차림 을 한 여성은 아이들이나 어른이나 한 사람도 찾아볼 수가 없었다. 그곳에서는 가슴도 나오고 배도 나오고 엉덩이도 나와야 아름다운 여자였다. 결혼 날짜를 받아 놓은 신부가 살이 빠지면 시댁에서 드 러내고 시집살이를 시키기도 한다는데 가슴과 엉덩이가 큰 것은 풍 요와 다산의 상징이기 때문이란다.

어느 학자의 연구에 의하면 아름다움에 대한 말의 어원이 알에서 나왔고 알은 생명체를 의미한다고 한다. 알이 가진 생명체답다는 것인데 결국 '그것답다' 로 귀결되어 '나답다' 가 된다. 수많은 '나' 는 다양성을 전제로 하니 문화마다 시대마다 아름다움은 다를 수밖에 없는 것이고 풍만한 여성이 아름다움의 기준이 될 수도 있는데 나는 그것을 낯설게 느끼고 있었던 셈이다.

아름다움의 기준이 시대마다 문화마다 달랐다는 걸 딸아이에게 들려주면서 먼저 너다움을 갖추라고 했더니 새치를 뽑고 있던 딸이 부스스 일어나 제 방으로 간다. 말이 너무 길었나 싶어 눈치를 살피는데 그애는 옷장을 정리하기 시작한다. 며칠 지나면 저애가 또 무슨 말을 할까, 이를 교정하면 좋겠다, 코를 높였으면 좋겠다, 턱을 깎아 내고 싶다, 이런저런 말들이 나온다면 어떡하나, 상상의 나래를 펼치다가 옷장을 정리하고 책장을 정리하는 딸을 보면서 미더운 마음으로 눈길을 돌리는데 딸이 한마디 한다.

"엄마, 그거 알어? 엄마 딸이 엄청 착한 원시인이라는 거 말이야. 대학에 와서 핸드폰을 장만한 사람은 나밖에 없어. 옷도 사 줘야 해. 입을 게 하나도 없어. 나도 이제 문명 세계로 진입했는데 나다움을 갖추려면 옷도 필요하고 구두도 필요하고 핸드백도 필요해. 아, 안경 대신 렌즈를 껴야겠다. 아니 라식수술을 할까. 어쨌든 안경을 벗으면 눈이 더 커 보일 거 아냐. 필요한 게 정말 많네. 혹시 엄마 나보고 알바해서 하라는 것은 아니겠지? 그리고 꼭 기억해, 엄마. 교대 수업료가 다른 학교에 비하면 삼 분의 일밖에 안 된다는 거. 그러니까 남는 돈 나한테 투자해야 해, 알았지? 그리고 나는 눈이 작은 게 싫은 한국인이야. 한국인이 선호하는 아름다움을 따라가고 싶다구."

고3이 핸드폰이 무슨 소용이냐며 사 준다 해도 마다하고 입시를 준비하던 아이가 대학생이 되더니 이제는 멋을 부리려고 한다. 하긴 다섯 살 무렵부터 뒤스럭거리며 옷장을 뒤져 치마를 찾아 입고 스타킹을 찾아 신고 엄마의 하이힐을 신으면서 현관에서 놀던 많은 시간들을 생각해 보면 그동안 참 잘도 참았지 싶다. 그러던 아이가 4년 후에 선생님이 된다 생각하니 기특하기도 하고 대견하기도 하고 어찌 해낼까 걱정스럽기도 하다.

사람뿐 아니라 무릇 살아 있는 것들은 행복하기 위해 안간힘을 쓴다. 그런데 선천적으로 부여받은 외모가 그 행복을 저해한다면 성형수술을 함으로써 극복할 수 있다면 해야 할 것이다. 문제는 그렇게 해서 자기다움을 찾을 수 있다면 좋겠지만 대부분은 자기다움을 잃는다는 데 문제가 있다. 선풍기 아줌마처럼 말이다. 자기다움이 사라진 자리에 이렇게 예쁘고 저렇게 예쁜 것들을 모아 구성한 모습이 누가 누군지 구별을 할 수 없게 만든다는 것은 생각만 해도 섬뜩한 일이다.

2006. 7.

Story **13**

마디가 생기는 시간

&

essay

하나의 마디가 생기는 시간, 천수만에서

마디가 생기는 시간

나는 낯선 사내들에게 저항 대신 엉엉 울기만 하였다.
아들이 지켜보는 줄도 모르고 그 아들의 가슴에
멍이 들어가는 줄도 모르고 울었다.

사업을 하기로 하고 서산에 내려온 후 나는 계속
공부만 하였고 그사이 남편은 힘든 시간을 보냈다. 동업이라는
것이 만만치 않았다. 결국 창업에 실패한 남편은 몸도 마음도 만
신창이가 되었고 그 끝에 구강암을 앓게 되었다. 그는 나의 잦은
병치레를 겪어 봐서 그런지 의외로 담담한 편이었다. 나 역시도
그랬는데 암이란 것은 감기나 몸살처럼 앓고 나면 일어나는 것이
라고 믿고 있다. 그런데 남편이 서울대 치대병원에서 열네 시간
동안 수술 받는 걸 보면서 겁도 났다. 구강암은 치사율이 높은 암
이다. 병증이 없어 발견이 늦기 때문이다. 실제로 두 달여의 기간
을 병원에 머물면서 멀쩡하던 젊은 사람이 방사선 치료를 하면서

도 죽어 가는 것을 보았다. 뼈를 깎는 고통은 치과병동에서 행해졌다. 턱을 깎아 내고 다리뼈를 빼서 다시 만들어 붙이고 잇몸을 만들고…… 남편은 한꺼번에 네 가지의 수술을 받았다. 다행히 사랑니의 통증으로 구강암을 일찍 발견하게 되어 극복할 수 있었다.

병원에 있는 두 달여의 시간 동안 아이들은 또 집에서 둘이서 지내야 했다. 암을 극복하고 난 남편은 서산이 싫다면서 서울로 갔다. 실패한 후라서 가족이 함께 갈 여건이 안 되어 그는 작은 오피스텔을 얻어 놓고 주말에 집에 다니러 왔다. 그는 혼자 지내면서 미얀마와 중국, 북한을 상대로 이런저런 것들을 수입하는 일에 손을 대었다.

남편이 나가 있는 사이에 나는 집에서 아이들과 함께 공부하면서 한마음이 되어 참 좋았던 것 같다. 내 마음대로 할 수 있었으니까. 그런데 혼자 나가 있던 남편은 많이 외로웠던 모양이다. 그래도 잘해 내겠지 하면서 믿고 지냈는데 이런저런 소소한 부작용들이 생겨나기 시작하더니 어느 날에는 낯선 사람들이 들이닥쳤다. 법원에서 집 안의 가재도구들을 압류한다는 것이다. 마른하늘에 날벼락이라고 작은아이와 둘이서 맞이했던 유채동산—그때 처음 이 단어를 알았다—을 압류한다는 빨간 딱지들, 우리는 고양이 앞에 쥐처럼 바들바들 떨어야 했다. 나는 낯선 사내들에게 저항 대신 엉엉 울기만 하였다. 아들이 지켜보는 줄도 모르고 그 아들의 가슴에 멍이 들어가는 줄도 모르고 울었다. 그들이 휘젓고 나간 집 안에서 영문을 모르는 작은아이는 내 상태를 살펴 가면서 물을 떠다 주기도 하고 팔다리를 주무르기도 하며 설거지를 하는 등 치우지 못했던 집 안을 치우면서 엄마의 변화에 신경을 곤두세웠다. 울지 마라, 세상에 울 일은 하나도 없다, 오직 하나님 앞에서만 울어라, 하시던 스승의 말씀은 왜 그런 때 떠오르지 않는 것일까.

물질에 눈이 어두워진 어른들이 커질 대로 커진 욕망의 방망이를 휘두를 때 그 방망이에 맞아 멍이 드는 건 연약한 아이들이었다. 그 아이들은 어른들의 생각처럼 애초부터 물질을 원하지 않았다. 단지 사랑을 원했다. 그런데 어른들은 사랑을 물질로 대체하려고 하였고 그것을 위해 수단과 방법을 가리지 않았다. 나는 아이 앞에서 내 집 안을 이렇게 짓밟는, 짓밟게 하는 그들을 용서할 수 없었다. 그러나 내가 할 수 있는 건 아무것도 없었다, 아이의 보호를 받는 것밖에는.

학교 선생님의 외아들로 어려움 없이 자란 남편은 세상을 몰랐다. 나도 모르는데 남편은 나보다 더 몰랐던 듯하다. 돌아보면 남편 역시도 나만큼이나 편협한 인식의 틀을 가지고 있었는지도 모른다. 결국 한 번의 사업 실패와 뒤이은 구강암 수술과 재기를 바

217

라면서 손을 댄 북한과의 무역을 통해 많은 더 많은 아픔을 겪어야 했다. 그 아픔의 시간에 썼던 수필 「하나의 마디가 생기는 시간」이다. 사랑하라고 배웠지만 아이들을 향한 모성애에 충실하였을 뿐 한 남자의 아내로서는 형편없었음을 그의 넘어짐을 보면서 느낀다.

🌳 하나의 마디가 생기는 시간

한바탕 회오리바람이 지나간 폐허, 아무렇지도 않은 척 여기저기 상처 나고 쓰러진 마음을 수습하는데 생이란 게 참 별것도 아니지 싶다. 열심히 살고 나면 마흔 살이나 쉰 살쯤에는 무언가 있을 줄 알았다. 그런데 마흔 살과 쉰 살이 생이 아니라 그 과정이 생인 것이니 별것도 아니지 않은가.

다 내어 주자고 각오는 하고 있었다. 그리고 홀가분한 마음으로 하나하나 정리하려던 중이었다. 그런데 강의시간 핸드폰의 진동음을 감지는 했으나 모른 체했다가 마치고 내려오면서 전화기를 살펴보니 딸이었다. 엄마가 주부독서회에서 강의하는 줄 뻔히 아는 아이가 왜 그 시간에 전화를 했을까, 버튼을 눌러 물어보니 어안이 벙벙하다.

갑자기 유치원부터 초등학교 3학년까지 함께 다니던 친구의 아빠가 찾아와 문을 열어 달라고 하더란다. 방학이어서 큰아이는 늦잠을 자던 중이었고 작은아이는 화장실에 있다가 갑작스레 받은 방문이었는데 낯선 사내를 데리고 들어온 친구 아빠는 어른 안 계시냐는 한마디 물음뿐 아무 말도 없었고 함께 온 사내들은 방방을 돌아다니며 가재도구 여기저기에 빨간 딱지를 붙이더란다. 10여 년 만에 본 친구 아빠의 싸늘한 얼굴이 보기 싫어서 딸아이는 화장실로 향했고 아들 녀석은 경험이 있던 터라서 빨간 딱지를 어디어디 붙이는지, 몇 장이나 붙이는지를 살펴보았는데 지난번에는 밥은 먹고 살라고 식탁에는 안 붙이더니 이번엔 인정머리도 없이 식탁에 붙이는 것으로도 모자라 저번보다 네 장이나 더 붙였다고 투덜댄다.

이야기를 듣고는 집에 들어가기가 싫어 아이들을 나오라고 하였다. 점심을 먹으려고 아이들과 식당에 마주 앉았을 때 하얗게 질린 딸아이의 파리한 모습을 대하고 보니 날 선 도끼에 얻어맞는 장작의 쪼개지는 파열음이 내 가슴을 훑는다.

무엇이 단란한 우리 가정을 이토록 짓밟히게 하는 것일까. 성실하고 건강하게 커 주는 아이들, 병마를 딛고 일어나 공부하고 제법 돈벌이도 하는 내가 있는데 서울로 중국으로 미얀마로 나가 일하는 그는 왜 아이들이 숨 쉬는 보금자리에 이런 사람들이 들이닥치도록 하는 것일까. 그는 왜 그리도 성공에 대해 조급해 할까.

남편은 애초부터 사업에 수완이 없는 모양이었다. 학교를 마치고 대기업의 반도체 연구원으로 십여 년 지낸 사람이 고등어 등처럼 시퍼렇게 날뛰는 사람들이 모여드는 수산업, 그중에도 북한과의 무역에 손을 댔으니 어찌 견뎌 낼 수 있었으랴. 개인과 개인이 하는 북한과의 무역은 사업이 아니라 투기였다. 좋은 물건, 싱싱한 물건이 한 번만 잘 들어오면 잃은 것들을 모두 복구할 수 있다는 신념은 마력이 되어 그에게 사채도 두렵지 않은 한탕주의가 되게 하였다.

북한과의 거래는 이해할 수 없는 거래였다. 물건도 선택할 수 없고 값도 흥정할 수 없고 물량 또한 흥정할 수 없다. 주는 대로 받고 부르는 대로 치러야 하는 거래는 거래가 아니었다. 그래도 값이 싸다는 이유만으로 바지락에 대합, 생합, 전복에 홍합, 소라까지 다양한 것들이 오는데, 그런 품목들이 남한의 시장 사정에 따라서 이윤이 남을 수도 있고 손해 볼 수도 있는 것이다. 그것은 사업하는 사람의 선택에 의한 것이 아니라 그날의 운에 의한 것이다. 겁도 없이 그런 회사의 대표 자리를 덥석 맡았으니 어찌 온전할 수 있었으랴.

손을 댄 지 1년이 지나면서 빚쟁이들의 전화를 받는 듯하였는데 지난 연말에는 낯선 사내들이 들이닥쳐 집안의 가재도구에 빨간 딱지를 다닥다닥 붙이고 갔다. 어찌어찌 간신히 수습하는가 싶더니 두어 달 만에 다시 예전에 이웃하던 사람이 낯선 사내들을 데리고 와서 아이들 앞에서 빨간 딱지를 다닥다닥 붙여 놓은 것이다. 원금에 가까운 높은 이자를 챙겨 먹고도 저렇게 나오는 사람들을 우리는 막아 낼 재간이 없었다. 무슨 횡재하는 사업이 있어서 2부 이자를 주고도 살아남을까. 그렇게 사업을 하겠다는 사람이나, 그 사람에게 이자를 받아먹겠다는 사람이나 마주치고 싶지 않은 인간들이었다. 그런데 저들을 수습하고 나면 제3, 제4의 복병들이 차례차례 기다리고 있는 터여서 내어줄 것 다 내어주고 거리로 나가는 게 상책이라는 생각이 들었다.

처음엔 견딜 수 없어 몸 둘 바를 몰라 쩔쩔맸다. 아들 녀석은 내 눈치를 살피면서 기숙사에 있는 누나한테 실시간으로 보고를 하였고 나는 맥을 놓고 있었다. 어찌나 울었는지 목이 아파서 다음날은 강의도 할 수 없을 지경이었다. 그래도 어찌어찌 순서를 바꿔 가면서 간신히 강의를 마치고 일을 수습하기 시작하였다. 내가 할 수 있는 수습이래야 남편에게 퍼붓던 원망을 그만두고 아이들 마음 다독이는 것밖에 달리 없었지만 가장 어려운 게 내 마음을 수습하는 일이었다.

미안하다, 미안하다, 열심히 살게, 열심히 살게, 수없이 말하며 남의 회사로 들어간 남편은 1월부터 출퇴근 시간에 맞추느라 첫차와 막차를 타고 서산에서 서울로 다닌다. 다 버리고 새로 출발은 하였으나 이미 저질러졌던 일들을 수습하는 데 만만치 않은 고통이 따른다. 그가 없는 시간 이렇게 찾아드는 빚쟁이들을 감당하는 것은 고스란히 아이들과 내 몫이다.

아이 둘을 키우면서 큰돈이 들지 않았다. 딸아이도 고등학교 3년을 장학생으로 다녀 주었고 국립인 교대로 진학하였으며, 작은아이도 중학교 의무교육과 이번에 들어간 고등학교도 장학생으로 들어

갔으니 학비 때문에 힘들었던 적이 없다. 나 또한 만학도로 공부하기 바빠서 주부로서 살림의 재미를 별로 모른다. 그러니 생활비도 적게 들고 늦게 공부하였으나 남들만큼 벌기도 한다. 그런데도 집을 내주고 거리로 나가야 하는 신세가 되었으니 그것을 어찌 원망이 아닌 운명으로 받아들일 수 있었으랴.

되돌아보면 아이들과 나는 똘똘 뭉쳐 공부하는 데 한 몸이 되어 잘해 왔다. 그런데 남편은 그러지 못했다. 선생님의 외아들로 고이고이 자란 사람이 대기업에서 퇴직한 뒤 사업을 해 보겠다고 나섰는데 둘이 합쳐도 헤쳐 나가기 힘든 경제 구조 속에서 가스업에 대해, 수산업에 대해, 아는 것도 없이 사업 수완도 없이 뛰어들으니 어찌 견딜 수 있었으랴.

앓고 난 남편은 미얀마나 중국을 오가면서 수입을 하더니 북한 무역이라는 새로운 유혹에 빠져 부모님께 물려받은 땅과 집은 물론, 부모님이 사시는 집까지 저당 잡혀 투자를 하였고 그것도 모자라 높은 이자의 남의 돈까지 빌렸다. 재력도 없고 사업 수완도 없는 그의 무모한 도전은 아스팔트 위를 당당히 걸어 보겠다고 나갔다가 쌩쌩 달리는 자동차 바퀴에 깔려 죽는 개구리나 고양이의 신세가 될 뿐이었다.

아무리 길이 좋기로서니 개구리나 고양이는 자동차들이 쌩쌩 달리는 아스팔트 길로 다니면 안 되는 거였다. 개구리는 개구리가 살

곳과 다닐 곳이 따로 있고 고양이 역시 고양이가 살 곳과 다닐 곳이 따로 있다. 그런데 길이 좋다고 세상이 바뀐 것도 모르고 자신이 무엇인지도 모르면서 새로 난 도로를 겁도 없이 활보한다면 언젠가는 자동차라는 괴물의 바퀴에 치여 죽을 수밖에 없다. 그곳은 자동차들이 달리는 도로이기 때문이다.

공부할 만큼 하였어도 세상 사는 법은 배우지 않은 모양이다. 아니 어쩌면 에둘러 가르쳐 주었는데도 못 알아들었거나 가볍게 들었는지도 모른다. 하긴 잘 배운 우등생이라 한들 말로 배울 수 있는 것은 찌꺼기에 불과한 것이니 어찌 세상살이의 묘미까지 배울 수 있었으랴. 묘미란 것은 직접 경험하지 않고는 결코 터득할 수 없는 것이니 말이다.

돌아보면 살아가면서 배우는 세상살이 수업료가 너무 비싸다. 주변에는 세상살이 습득 과정에서도 학교 공부 잘해서 장학금을 받는 것처럼 돈을 들이지 않고 배우는 사람들도 많은 듯한데, 왜 남편은 유독 비싼 수업료를 내야만 하는 것일까. 그가 속한 세상살이가 공립이나 국립이 되지 못하고 사립이기 때문일까.

그렇게 좋아하는 회를 시켰는데도 아이들은 먹는 둥 마는 둥 얼굴이 침울하다. 괜찮다, 엄마는 너희를 위하여 무엇이든지 할 수 있다, 버린다는 것은 새로운 것의 잉태를 의미하는 것이니 염려하지 마라, 아빠도 새롭게 시작한다고 하셨으니 이 폭풍우만 넘기면 맑은 하늘이 나타날 것이다, 속삭이며 아이들의 어깨를 다독였다. 그래도 환하게 펴지지 않는 아이들의 얼굴이다. 식당을 나오면서 나는 아이들을 앞세우고 은행으로 가서 통장을 하나씩 만들어 주었다.

이제부터는 희망을 심는 거다. 엄마는 이제부터 매달 꼬박꼬박 이 통장에 너희에 대한 희망을 부을 것이다. 딸의 대학 졸업 후와 아들의 고등학교 졸업 후를 대비해서 또 시작하는 거다. 마음만 먹으면 무엇이든지 할 수 있다. 몸도 선하고 마음도 선하고 원하는 것이 선한 것이라면 그것은 반드시 이루어진다. 비가 그치고 나면 더욱더 맑은 하늘이 펼쳐지고 비 온 뒤 때로는 그 하늘에는 무지개도 뜨는 법이니 너희도 너희 몫의 삶에 최선을 다해라. 그것만이 밝은 미래를 보장해 준다. 사계절이 돌고 돌듯이 쉬움과 힘듦도 기쁨과 슬픔도 돌고 도는 것이다. 온 가족이 함께 희망을 심어 가면 맑은 날은 반드시 오게 되어 있다. 건강을 잃고도 되찾았는데 집을 잃고 되찾는 건 일도 아니다. 나는 아이들에게 주술을 걸고 또 걸었다.

'마디 하나가 생기는 시간, 그 고통의 시간을 잘 관리하면 단단한 마디가 되어 나무가 쭉쭉 자라는데 튼튼한 허리 역할을 해 주지만 자칫 잘못하면 곁가지가 생겨 옆으로 삐질 수 있는 순간이기도 하다. 그 아픔의 시간을 어떻게 받아들이고 견디느냐에 따라서 사람은 거목이 될 수도 있고 잡목이 될 수도 있다.'

마디 하나가 생기던 생의 시간에 나의 아이들을 염려하시던 스승의 말씀이다. 내 아이들이 거목이 되느냐 잡목이 되느냐는 엄마인 나의 영향이라면서 스승은 나를 다독이셨다. 그러니 내가 어찌 주저앉아 세상을 원망만 하고 있겠는가. 그럴 시간이 없다. 아이들을 향한 간절한 나의 주술은 세상을 원망하려는 나에게 거는 주술이었다. 꿈을 저축할 제 몫의 통장을 받아 든 아이들 얼굴에 생기가 돌기 시작하였다.

2007. 2. 23.

생에 회오리바람이 몰아칠 때마다 나는 천수만으로 달려가곤 한다. 천수만에는 수많은 목숨들이 계절마다 다양한 빛깔로 살아나기도 하고 찾아오기도 한다. 지난 가을을 장식했던 누런 갈대 숲 속에 새롭게 돋아나는 새싹이 한 몸을 이루고 있는데 그 모습이 꼭 부모와 자식이 함께 있는 형상이다. 그렇게 어우러진 메마른 갈대와 물오른 갈대 사이에는 다른 수많은 목숨들이 깃들어 숨 쉬고 있다.

겨울 철새들이 하늘을 덮는 것을 보면 그들의 질서가 경이롭다. 바닷가 모래알처럼 하늘을 나는 수많은 새들, 그들이 한 번 움직이면 세계가 한번 움직이는 듯 하늘이 새까맣다. 그렇게 많은 수의 새들이 나는데 서로 충돌하거나 추락하는 법이 없다. 도요새들의 비상은 북한 주민들이 보여 주는 카드섹션을 방불케 한다. 멀리서 날아왔고 멀리로 날아갈 새들은 단 하나의 보따리가 없다.

저렇듯 가벼이 창공을 날 수 있는 것은 보따리가 없기 때문이다. 몸이 뚱뚱하지 않기 때문이다. 비상하는 새들을 바라보고 있노라니 내 삶이 무거운 것이 보따리 때문임을 느낀다. 욕망의 보따리, 물질의 보따리, 정말 우리네 살아가는 데 왜 그리도 많은 보따리가 필요할까. 이삿짐센터가 성행하는 걸 보면 필요해도 꼭 필요한 것 같은데, 멀리 이동하는 철새들에게는 이삿짐센터가 없다. 가벼운 괴나리봇짐 하나도 없다.

🌳 천수만에서

장마가 끝났다 싶었는데, 연일 비가 내렸다. 곳에 따라서는 국지성 호우가 내려 산이 사라지기도 하고 마을이 사라지기도 하였다. 그에 따른 피해도 날이 갈수록 늘어났다. 그렇게 비가 쏟아지던 날, 인근의 천수만에 가 보니 여기저기 허연 비닐에 검은 비닐, 일회용품에 생활쓰레기들까지 갈대숲 사이로 널려 있다. 해미천, 덕지천, 인지천 등 작은 하천에서 물을 따라 흘러온 것들이다.

천수만은 저걸 다 어떻게 삭혀 낼까, 다리 난간에 서서 바라보노라니 백로와 왜가리도 한심스러운지 처연히 바라보고 서 있다. 길가에는 빗물로 씨앗자루가 버거워진 강아지풀이 바랭이 등줄기에 기대어 서 있다. 풀숲에 몸을 감춘 풀벌레들의 노랫소리 만연하고, 넓디넓은 논배미에서도 벼들이 나름대로 머리에 빗물을 이고도 말이 없다. 바람에 휘청거리면서도 서로 비비고 서 있는 모습들이 나에게 한마디 하는 것 같아 빙그레 웃었다.

폭우가 내려 사상자가 몇 명, 이재민이 몇 명, 피해액의 규모가 얼마, 날이 거듭될수록 숫자는 늘어만 갔다. 인재인가 천재인가를 따지면서 망연자실한 수재민들의 모습을 비추는 텔레비전의 화면을

228

보면서 나는 하늘의 입장에서는 인간이나 동물이나 하등의 차이가 없음을 새삼스럽게 느낀다.

폭우에 이어 폭염이 쏟아졌다. 가만히 앉아만 있어도 줄줄 쏟아지는 땀을 감당하기 어려웠다. 습기라도 적으면 견딜 만할 텐데, 고온에 다습한 날씨는 사람을 무기력하게 만들었다. 내년에는 기필코 나도 에어컨디션을 하나 장만해야지 다짐하면서 폭염을 견뎌 냈다. 폭우로 망연자실했던 사람들의 모습을 뒤로하고 산으로 바다로 더위를 쫓으러 다니는 인파는 줄을 이었고 저녁 뉴스에서는 그날의 물놀이 사망자 수를 빠짐없이 보도했다.

봄, 여름, 가을, 겨울을 마흔 번 넘게 보내고 나니 계절마다 불어오는 비바람이나 눈보라, 폭염의 의미도 조금은 알 것 같다. 지역마다 조금씩 다르지만 대부분 몇십 년, 많게는 백 년 만의 이상 기온이라 했다. 사계절을 수십 번, 아니 백 번 정도 겪다 보면 그런 이상 기온도 있게 마련인 모양이다.

40년 넘게 살아온 내 삶에도 이런 저런 변화가 많았다. 10년 혹은 20년, 아니 5년 만에도 한 번씩 변화에 대처하느라 힘들었다. 폭염에 진땀을 삐질삐질 흘리기도 하였고, 한파에 덜덜 떨기도 하였으며 폭우에 많은 것들을 잃기도 하였다. 그때마다 나는 큰물에 쓸려 가는 강가의 돌멩이들처럼 혹은 한파에 내려앉는 비닐하우스의 지붕처럼 내 의지와는 상관없이 이리저리 휩쓸리거나 쓰러지는 등 뜻하지 않은 운명에 처박혔다. 이상 기후로 늘어나는 이재민들을 보면서 누구 탓인가 따지는 뉴스 속의 이야기들처럼 나는 왜 이런 수난을 당해야만 하는가, 누구 탓인가, 이 얼굴 저 얼굴 떠올리며 내 몫의 무게를 대신 감당해야 할 사람을 찾았다. 뉴스에서 피해액을 산출하면서 이번 재난이 늦장 대응한 정부 탓인가, 빠르고 정확한 정보를 제공하지 않은 기상청 탓인가, 책임 전가에 열을 올리는 것보다 더 하면 더했지 조금도 덜하지 않았다. 그때마다 내 곁에는 그 책임을 떠맡길 만한 마땅한 사람이 있었다. 아니 어쩌면 그 이유에 맞도록 내가 재단했음이 진실일 것이다.

온갖 쓰레기들이 흙탕물에 휩쓸려 모여든 천수만은 폭우에 이은 폭염에도 말이 없다. 천수만에 발을 담근 채 묵묵히 지켜보는 백로와 왜가리는 섣부른 동정으로 아프게 하지도 않고 어설픈 위로로 상처를 내지도 않는다. 모두가 생의 일부로 받아들이는지 호들갑 떨지도 않고 낙담하거나 원망하지도 않는다. 그냥 사계절의 다양한 여러 날들 중에 하루일 뿐이라는 듯이 말이다.

그런데 저 새들은 어떻게 알았을까. 나처럼 책을 놓고 공부하지도 않고 스승을 두고 배우지도 않으며 나보다 많이 살지도 않았는데 말이다. 인간이 만물의 영장이란 틀림없는 사실일까. 저들 속에 서 있는 나를 보면 절대로 영장일 수가 없다.

봄, 여름, 가을, 겨울이 모여 한 해를 이룬다. 그 사계절에는 다양한 날씨의 변화가 있고 그 변화에 따라 함께 변하는 자연이 있다. 그 여러 해들 중에는 이번 폭우나 폭염처럼 뜻하지 않는 이상 기온도 있다. 그러나 자연은 어떠한 경우라도 묵묵히 견딤을 배우며 성장하고 성숙한다.

아침 뉴스에서 8월 한 달, 물놀이를 하다 숨진 사망자가 147명이라는 보도를 들었다. 그러는 중에도 천수만은 폭우에 흘러 들어온 쓰레기들을 안은 채 폭염 아래 묵묵히 벼들을 키워 내고 있었고 그 품에서 누런빛을 띠기 시작한 이삭들이 가지런히 고개를 숙여 가고 있었으며 위에서는 잠자리들이 눈송이처럼 난무했다. 옆에서는 몇 마리의 새가 죽었고, 또 얼마간의 물고기가 허연 배를 내밀고 죽었으며 철새들은 여기저기 떼를 이루며 익어 가는 벼들을 기다리고 있다. 저녁이면 바닷가 모래알처럼 많은 하루살이들은 자동차 불빛을 보며 앞을 다투어 달려들었다.

천수만은 바다로 태어난 운명을 인위로 막아 논배미로 바꿔 놓았는데도 말없이 다양한 것들을 받아들이고 키워 낸다. 운명이 바뀌는 동안 더불어 살던 뭇 목숨이 떠나거나 죽었고, 낯선 목숨들이 모여들었다가 떠났으며 더러는 살아남아 숨 쉬고 있다. 바다였던 천수만은 논배미가 되어 땡볕 아래에서 바지락을 비롯한 갯것들 대신에 이삭을 매단 벼들을 비롯한 다른 많은 목숨들을 키워 내고 있었다. 논배미 벼들의 살찌는 소리가 성큼성큼 다가왔다.

2006. 9

이제는 어떤 일들도 삶의 일부로 받아들일 수 있을 것 같다. 내 앞에 펼쳐지는 다양한 빛깔의 다양한 형체의 삶들, 좋은 것과 나쁜 것을 가려서 불평하지 않고 다 끌어안을 수 있을 것 같다. 그래도 함께해 주시는 시부모님이 아직 계시고 건강한 몸이 있고 아이들 잘해 주니 그것이면 충분하다.

피를 나누지 않고 관계 속에서 가족이 된다는 것은 진정한 가족이 된다는 것은 쉬운 일이 아니었다. 피를 나눌 만큼의 아픔의 시간을 보낸 뒤에 핏줄 같은 진정한 가족이 될 수 있음을 느낀다. 공부하는 것을 반대하셨던 시아버님은 지금은 며느리를 가장 자랑스러워하신다. 당신이 복이 많아서 그런 며느리를 얻었다는 말까지 서슴없이 하신다. 그러면서 미안하다는 말씀도 하신다. 힘들지 않도록 건강 꼭 챙겨라, 건강을 잃으면 모든 것을 잃는 것이다, 하시며 나의 건강이 염려가 되어 수시로 전화를 하시면서 아들이 벌여 놓은 일들이 며느리에게 고난이 될까 봐 방패막이를 해 주시느라 안간힘을 쓰신다.

어머님은 내가 좋아하는 것이면 사소한 것일지라도 챙겨 놓으신다. 불편하신 몸으로 내가 좋아한다고 된장에 박아 놓은 깻잎이라든가 참깨나 검은콩 같은 것을 사 두었다가 주시는 것을 보아도 그렇고, 내가 집에 없는 시간인 줄 뻔히 알면서도 괜히 한번 전화해 봤다는 이야기를 들어도 어머니가 얼마나 나를 그리워하는지를 안다. 하나의 마디가 생기는 시간, 가족 간의 사랑만 존재한다면 그 마디는 강한 버팀목의 허리가 되어 줄 것이다.

아이들의 세계에서 '진실하다'는 것은
어른들의 세계에서 '거짓'이나 '허무맹랑'일 수 있다.

Story 14

어린이에 대하여

essay

조기 유학

어린이에 대하여

아침 식사를 마치고 설거지를 하고 청소를 하려니
아이는 슬며시 내게 다가와
'엄마 개도 꿈을 꾸나요?' 라며 심각하게 묻는다.

우리는 누구나 유년 시절을 보낸 어린이였다. 우리 내면에는 어린이가 있는 것이다. 그런데 우리는 내면에 있는 어린이는 의식하지 않고 어른으로서 밖에 있는 어린이만 바라보려고 한다. 어른의 눈높이로 아이들의 사고와 행동을 평가하면서 미숙하다고 나무란다.

35년 혹은 40년, 45년 살아온 어른들의 인식으로 보면 열 살 아이들의 사고와 행동은 서툴 수밖에 없다. 어른은 어린이의 연장선상에 있지만 어린이는 어른의 연장선상에 있는 건 아니다. 그렇다면 열 살 아이가 엄마들의 마음을 헤아리고 거기에 맞게 행동해야 옳은지 엄마가 열 살 아이의 마음을 헤아리고 거기에 맞춰 이해해 주어야 옳은지 대답은 명확해진다.

10층 높이에서 바깥을 바라보는 사람은 30층 혹은 40층 높이에서 바라보는 사람보다 시야가 좁다. 그런네노 우리는 10층 높이에 있는 아이들보고 왜 30층 40층 높이에서 보이는 것들을 보지 못하느냐고, 그 높이에서 하는 말을 왜 이해하지 못하느냐고 호통을 친다. 그래서 아이들은 언제나 아프다.

현대 사회에 어른이나 아이나 모두가 바쁘다. 경쟁에 쫓기다 보니 다들 빨리빨리에 익숙해졌다. 하루에 혹은 한 달에 해결해야 하는 일들도 많아졌다. 그렇다고 더 행복한 것도 아니다. 그런데 문제는 이렇게 바빠진 현실을 아이들이 어른만큼 인식하지 못한다는 데 있다.

어머니,

어머니는 교회 일 때문에 정말 너무도 바쁘셨죠,

얼마나 바빴는지 단 한 번도 딸인 나에게조차

사랑한다고 말해 줄 시간이 없었지요.

어머니는 내가 많이 아팠을 때나

아니면 피아노를 잘 쳐서 당신을 자랑스럽게 했을 때만

그나마 나에게 약간의 관심을 보이셨죠.

난 어머니를 기쁘게 해 드릴 때만

나 자신의 존재에 대해 느낄 수 있었어요.

당신은 내게 내가 당신을 기쁘게 하는 것들에게만

의미를 느끼게 하셨지요.

난 당신에게 있어서 오직

당신을 기쁘게 했을 때만 중요했었던 거예요.

어머니는 나를

있는 그대로의 나를

단 한 번도 사랑한 적이 없었어요.

어머니,

어머니 나는 정말

난,

너무나 외로웠어요.

John Bradshaw 저, 오제은 역, 『상처받은 내면아이 치유』(학지사, 2006)

위의 글은 한 칠십대 우아한 여인이 어머니께 쓴 편지이다. 더 정확하게 말하면 칠십대 여인의 내면에 있는 아이가 어머니께 쓴 편지이다. 우리의 마음속에는 누구나 작은아이가 들어 있다. 그런데 이 작은아이는 상처투성이다. 그 상처는 대부분 부모님들이 만든 것이다. 유년기 상처받은 아이는 어른이 되어서도 내면에 그 상처를 끌어안고 살게 된다.

여고를 졸업하고 대학에 간 아이가 대학 생활에 적응하는 데 힘들어 했다. 신입생이라서 선배들이 따라 주는 술도 마셔야 하고 대면식도 해야 하고, 나름대로는 바뀐 환경에 힘든 모양이었다. 입학한 지 2주쯤 지났을 때 늦은 밤 전화를 한 아이가 운다. 나는 깜짝 놀라서 무슨 일이냐고 다그쳤다.

아이는 남학생들이 두렵다고 한다. 술자리도 함께 해야 하고 선배들과 어울리기도 해야 하는데, 남학생들이 두렵다고 하는 것이다. 왜 그럴까, 가슴이 탔다. 외모도 괜찮고 재치도 있는 아이인데 왜 남학생들을 두려워할까. 그러고 보니 사춘기를 지나면서 아이는 남학생에게 한 번도 관심을 보인 적이 없는 듯했다. 그 나이 때는 이성에 관심도 있고 호기심도 있을 법한데 큰아이는 묵묵히 공부만 했다. 한편으로는 대견하게 여겨 왔는데 아이는 울면서 아픈 기억 하나를 떠올린다.

"엄마, 나 중학교 3학년 때 학원 경시반에서 공부할 때 말이야. 밤늦게 돌아오는데 학원 버스 안에는 여자는 앞자리의 나 혼자였고 뒤에 남자 아이들만 여럿이 있었어. 그런데 그 아이들이 야한 이야기를 하는 거야. 자기들끼리 낄낄거리면서 말이야. 그런데 그 중에 한 아이가 나를 지적하면서 여학생이 있다는 것을 말했어. 그랬는데 말이야. 이야기하던 아이가 글쎄 나를 보고 '저애도 여

자냐 는 거야. 세상에 그애가 나에게 한 말이었어, 엄마. 그 뒤로
나는 남학생 앞에 서면 두려워. 자신이 없어, 엄마. 어떡해!"

그랬구나. 그래서 고등학교 3년 내내 남학생을 멀리했구나. 또
래 친구들의 남자친구 이야기를 들려줄 때 좋아하는 남학생이 없
느냐고 물으면 관심없다고 하던 아이가 그런 상처를 안고 있었구
나. 나는 그렇게도 여린 딸을 모르고 꿋꿋하게 공부 잘한다고 미
더워 했는데 가슴이 미어지는 듯하였다.

"중학교 3학년이면 지금 네 동생만 할 때이다. 그런 아이가 너
에 대해서 무얼 알아 그런 말을 했겠니? 단지 야한 이야기가 하고
싶은데 여자인 네가 눈에 거슬렸던 것이고 성에 대한 호기심 많
은 남자 아이들은 그 공간에 하나 있는 여학생을 무시하고 싶었
을 거야. 네가 여자답지 않아서 그런 말을 한 게 아니고 야한 이
야기들이 하고 싶었기 때문일 거야. 그 자리에 네가 있었을 뿐이
야. 그 녀석 말에 우리 딸이 상처를 받았구나. 그 상처를 오래도
안고 있었구나. 엄마한테 진즉에 말하지 그랬니? 너도 중학교 3
학년일 때 뭘 몰랐잖아. 그 아이도 그랬을 거야. 아마 그 아이는
너한테 그런 말을 한 것도 모를 거야. 그러니 마음에 담아둘 필요
없어. 네가 얼마나 매력적인데. 이제 대학생이 되었으니 너를 좋
아하는 남학생이 나타날 거야. 세상에서 네가 가장 예쁘다고 하
는 남학생이 말이야. 그때는 마음을 열고 세상을 받아들이렴. 두

려워하지 마, 유진아. 마음을 열고 멋진 남학생과 데이트도 하고 사랑도 해. 너는 아주 괜찮은 숙녀야."

어떻게 이야기를 했는지 모른다. 우는 아이와 한 시간도 넘게 전화기를 잡고 이야기를 나누었다. 그렇게라도 엄마에게 전화를 해 준 딸이 고마웠다. 중학교 3학년의 철없는 아이가 한 말 한마디가 깊은 상처로 남은 아이는 그 오랜 시간을 혼자 가슴앓이를 해 왔다. 우리 아이에게 그렇게 말한 남자 아이는 나도 아는 아이였다. 촉망받는 똑똑한 아이였다. 그런 아이가 한 말이었기에 우리 아이의 가슴에 더 깊은 상처가 되었을 터였다. 또래 남자 아이의 한마디가 상처가 되어 사춘기 내내 주눅으로 보냈을 아이를 생각하니 좀 더 세심하게 아이의 내면을 보아 줄 걸 그랬구나 후회가 밀려왔다. 그러나 이제라도 상처 위에 연고를 발라 줄 수 있다면 그것만으로도 감사했다. 날고 싶어서 파드득거리는 작은 새를 이제라도 발견할 수 있었으니 말이다.

아무 생각 없이 길을 걷다가 발에 걸리는 돌멩이가 있다고 차 버리면 풀숲에 있다가 그것에 맞아 죽는 개구리가 있다는 말이 생각난다. 아이들의 경우가 개구리에 해당된다. 예민한 아이들은 말 한마디에도 날개를 다쳐 날지 못한다. 스스로 날아 보려고 안간힘을 쓰면서 파드득거려 보지만 누군가 나서서 상처를 치유해 주기 전에는 어려운 일이다. 이렇듯 아이들은 발달 단계에 따른 나름대로의 상상력으로 엄청난 상처를 안기도 하고 또한 멋진 세상을 만들기도 한다.

6,25 전쟁의 와중에서 탄피를 주우러 다녔다는 어느 사람의 이야기를 들은 적이 있다. 한차례 포탄이 떨어진 자리, 아이들은 뽀얀 연기가 사라지기가 무섭게 탄피를 주우러 달려갔다. 반짝반짝 빛나는 탄피를 가지고 놀기 위하여 말이다. 아이들은 전쟁에 대해서보다는 놀이거리에 대해서 더 호기심을 가진다. 그들의 인식으로는 어른들이 행하는 전쟁은 중요하지 않다.

몽고메리의 『빨간머리 앤』에 나오는 앤은 상상력에 의해 현실을 새롭게 구성해 나간다. 스펜서 부인을 따라 입양되기 위해 기차와 배를 타고 섬에 온 초라한 앤은 오는 동안 내내 아름다운 상상을 한다. 엷은 하늘빛 실크 드레스를 입고, 꽃이나 하늘거리는 깃털 장식이 달린 큰 모자를 쓰고 금시계를 차고 가죽으로 만든 장갑과 구두를 신고 있다는 상상만으로도 앤은 행복해진다. 그런데 남자 아이를 원하는 집에 실수로 들어가게 된 빨간 머리의 앤은 다시 고아원으로 돌아갈 처지에 놓인다. 주어진 현실이 더 이상 불행해질 수 없는 극한 상황인데도 불구하고 앤은 또다시 상상력을 토대로 불행한 현실에 새로운 의미를 부여한다. 행복해지고 싶기 때문이다. 평범한 가로수 길을 '환희의 새하얀 길'이라 부른다거나 집 근처에 있는 연못을 '빛나는 호수'라 부르기도 하고, 벚나무에 '눈의 여왕' 이라 이름을 붙이기도 한다. 앤이 가진 이러한 상상력은 앤을 고아원으로 돌려보내려 했던, 무뚝뚝하고 엄격한 마슈와 마리라 남매에게 행복을 선사하고 그 집에 머물 수 있는 기회를 부여받는다. 결국 앤이 창조한 현실 인식은 불행한 사실성의 세계를 행복한 세계로 바꿔 놓았다. 그것은 11살짜리 어린 꼬마아이가 가진 순진성과 천진성에 기초한 동심, 행복해지고 싶은 원초적인 욕망에 의한 상상력의 힘이었다.

로베르토 베니니의 영화 『인생은 아름다워』에서도 아이는 사실성의 세계에 대한 주체적인 사고를 하지 못한다. 처참했던 2차 대전에서 독일의 유태인 말살 정책에 따라 주인공인 아버지 귀도와 아들 조슈아는 수용소로 끌려간다. 억압받고 고통스러운 현실을 어린 아들 조슈아에게 보여 주기 싫었던 아버지는 1,000점을 얻으면 탱크를 상으로 주겠다는 거짓말로 조슈아를 숨겨 두고 보호한다. 어려운 현실 속에서도 아버지는 어린 아들을 위해 희망을 버리지 않고 수용소 생활을 한다. 아버지의 보호 속에서 수용소 생활을 하는 어린 조슈아에게 참담했던 전쟁은 단지 놀이일 뿐이었다. 그것은 아버지를 통해 여과된 세상이었다. 아버지가 생각 높이를 아들만큼으로 낮추었던 것이다. 부모는 자녀들에게 그래야만 한다. 그래야만 자녀들이 마음을 펼치고 활기차게 자기가 가지고 태어난 적성대로 살아갈 수 있다. 이 영화에서도 아버지의 보호 속에서 전쟁의 참상을 모르는 채 천진난만하게 1,000점을 얻기 위해 노력했던 아이는 아버지와의 게임에서 규칙을 지킴으로써 유태인 말살 정책에도 살아남을 수 있었고 후세에 증언할 수 있었다. 조슈아는 앤이나 폴리아나보다 훨씬 더 어린아이였다. 만약에 앤이나 폴리아나처럼 주체적인 사고를 할 줄 아는 아이였다면 현실을 전쟁놀이로 받아들이지는 못했을 것이고 상황은 달라졌을 것이다.

J. M 바르콘셀로스의 『나의 라임 오렌지 나무』의 이야기는 『인생은 아름다워』와 다른 양상을 보여 준다. 이 작품 속에 주인공 제제는 조슈아와 같은 또래인데 어른들에게서 전혀 이해받지 못한다. 그래서 거의 대부분의 날들을 매를 맞으면서 자란다. 죽지 않을 만큼 맞는다. 암울한 현실 속에서 이 어린이를 이해해 주는 것은 오직 라임 오렌지나무와 뽀르뚜까 아저씨였다. 제제는 이들을 통해 사랑으로 충만한 현실을 구성한다.

사랑하는 대상을 여과해서 만들어 가는 현실은 환상과 꿈의 세계로 이어진다. 제제가 사랑하는 대상을 통해 인식하는 현실은 사실성의 세계가 아무리 참담할지라도 꿈을 가지게 하였고 무뚝뚝하고 무능한 아버지를 비롯한 주변 사람들을 사랑하는 마음으로 대할 수 있게 하였다. 그것은 아이들이 현실을 받아들이는 순진성과 창의성을 바탕으로 가능한 것이다.

깜깜한 밤 산길에서 커다란 바위와 나뭇가지의 흔들림을 만났을 때 인식주체로서의 제제나 조슈아 같은 아이들에게 어둠에 덮인 바위와 나무는 더 이상의 바위와 나무가 아니다. 그것은 커다란 곰일 수 있고 아이를 잡아먹으려고 웅크리고 기다리는 호랑이일 수 있으며 무시무시한 귀신일 수도 있다. 어른에게는 '허무맹랑'한 것이지만 인식주체로서의 아이들에게는 '진실'일 수 있는 것이다.

시대나 문화에 상관없이 대부분의 아동들은 일정한 발달 단계에 따라 변화한다. 그 변화는 아이의 성장과 성숙과 경험에 영향을 받는다. 듣는 문학에서 읽는 문학으로 변화되는 시기, 어린이들의 현실은 부모를 통해서 여과되고 걸러진다. 선생님이나 부모들은 아이들에게 각박하고 냉엄한 현실을 날것으로 그냥 보여 주지 않고 뾰족하고 모난 것을 다듬어서 긍정적인 것으로 재구성하여 보여 주어야 한다. 그래야만 아이들이 꿈을 가지고 살아갈 수 있기 때문이다.

아이들의 세계에서 '진실하다'는 것은 어른들의 세계에서 '거짓'이나 '허무맹랑'일 수 있으며, 어른들의 세계에서 '진실하다'는 것은 아이들의 세계에서 받아들일 수 없는 '황당무계한' 것일 수 있다. 그렇기 때문에 '진실하다'는 것은 대상을 바라보는 인식주체로서의 아동의 발달, 아동들이 가진 순진성과 천진성이라는 특수한 점을 염두에 두어야 한다. 아이들을 키우는 엄마들은 이점을 간과해서는 안 된다. 우리는 『인생은 아름다워』에서 죠수 아를 키우는 아버지처럼 아이들의 발달 단계에 따른 인식방법을 알아야 하고 생각 높이를 거기에 맞추는 엄마가 되어야 하는 것 이다.

🌳 조기 유학

얼마 전 텔레비전의 한 프로그램에서 영재교육을 시키는 부모들을 취재하여 보여 주었다. 자기 아이들이 왜 영재라고 생각하는가, 라는 질문에 다양한 이유들이 나왔는데 아이가 태어났을 때 눈빛이 또렷했다, 옹알이를 할 때 '엄마' 라는 말을 정확히 했다, 한글을 빨리 읽었다, 엄마가 가르쳐 주지 않은 것을 아이가 알더라, 등이었다.

이러한 일들은 엄마이면 누구나 한 번쯤 겪어 보았음직한 별스럽지도 않은 것들이다. 그러나 그때그때의 상황에 직면한 엄마들은 누구나 겪는 사소한 이유들로 인하여 우리 아이가 혹시 천재이지 않을까, 하는 생각을 해 보게 된다. 그래서 엄마들은 하루에 세 번씩 거짓말을 한다고 하지 않는가. 객관적으로 보면 거짓말임에 틀림없는 사실들이 절대로 진실일 수밖에 없는 것은 엄마이기 때문이다.

돌아보면 아이 둘을 키우면서 나도 그런 생각을 종종 했었다. 그렇다고 영재교육을 시켜야겠다는 생각까지 한 것은 아니지만 특별하다 여겨질 때는 이대로 두어도 되는가, 몇 번 고민했던 것 같다.

둘째 아이가 4살 때인가, 손님들이 찾아와 접대 준비로 분주할 때 아이는 손님들 틈에서 동화책을 들고 토씨 하나도 없이, 오탈자 하나도 없이 페이지를 척척 넘겨 가며 읽어 내렸다. 손님—손님이래야 시댁 쪽의 친척들이었다— 들은 깜짝 놀라면서 천재가 났다며 호들갑을 떨었고 그 호들갑에 음식을 준비하던 나는 아이에게 달려갔다.

아이는 내가 읽어 주던 『알리바바와 사십 인의 도둑』이라는 책을 읽고 있었다. 한글을 가르친 적이 없는데 제법 긴 이야기의 동화책을 토씨 하나도 안 빼고 오탈자 하나도 없이 읽어 내다니, 놀라움 반 호기심 반으로 나는 책을 읽는 아이에게 한 글자 한 글자 짚어 가며 확인하기에 이르렀다. 책 한 권을 척척 읽던 아이는 한 글자씩 가리키자 한 글자도 못 읽었다. 내가 읽어 준 것이 아이의 머리에 각인되어 나타난 현상이었던 것이다.

언젠가는 아침에 일어난 아이가 무서운 꿈을 꾸었다고 꿈 이야기를 한다. 그 말에 나는 무심코 개꿈이야, 신경 쓰지 않아도 돼, 하고 지나쳤다. 아침 식사를 마치고 설거지를 하고 청소를 하려니 아이는 슬며시 내게 다가와 '엄마 개도 꿈을 꾸나요?'라며 심각하게 묻는다. 그날 나는 아이 이야기를 귀담아듣지 않고 무심결에 지나쳐 버린 나의 행동이 아이 얼굴을 얼마나 심각하게 만들어 놓았는지 알 수 있었다.

5~6살 때쯤이었을까. 외출했다 돌아오니 녀석은 내일이 언제 오는 거냐고 묻는다. 왜 그러냐고 했더니 누나가 자기한테 심부름을

시킬 때마다 '내일 아이스크림 사 줄게' 라는 약속을 한다는 것이다. 그런 줄 알고 심부름을 하였는데 하룻밤 자고 나서 누나에게 약속을 지키라고 요구하면 누나는 '내일이랬지, 오늘 이랬느냐'고 반문한다. 그러면서 한 번도 약속을 지키지 않는단다. 누나 말을 듣고 보면 오늘은 늘 오늘이고 내일은 늘 내일이란다. 그러니 내일은 도대체 언제 오느냐는 것이다.

그런 아들과 함께 지난여름에 미국에 다녀왔다. 의문투성이이던 아이가 중3이 되더니 국영수 세 과목으로 치르는 전국 중학생 경시대회에서 좋은 성적을 얻어 공주 사대부고에 장학생으로 자리를 확보해 놓았다. 혼자서 준비하고 얻어 낸 결과가 기특하여 나는 아이에게 뭔가 해 주고 싶었다. 목표한 게 있으면 그걸 위해 노력하는 아이에게 유학은 못 시킬지라도 색다른 경험이라도 해 주고 싶은 마음에서였다.

아들과 둘이서 샌프란시스코에 도착하여 하루 머물면서 스텐포드 대학교과 버클리 대학교를 둘러보았다. 학교 앞의 이런저런 문화도 접해 보고 버클리대학교에서는 교정의 한 나무 밑에 500원짜리 동전을 묻으면서 대학생이 되어 찾으러 오겠다는 각오는 가슴에 묻었다. 그렇게 하루를 샌프란시스코에서 묵은 다음에 지인들의 신세를 져가며 미국의 서부와 북부의 몇 곳을 둘러보았다. 주로 대학교들을 보고 다녔고 중고등학교도 둘러보았다. 비행기로 자동차로 갈아타며 다니는데, 참으로 넓은 나라라는 게 실감났다.

그곳에 머무는 동안 한 중고등학교에서 교장 선생님과 인터뷰를 하게 되었다. 아이와 인터뷰를 마친 교장 선생님은 시험을 거쳐서 9학년으로의 입학을 허락하겠다고 하였다. 말을 듣고 보니 이렇게 저렇게 모으면 한 아이 정도 유학을 못 시킬 것도 없다는 생각이 들었다. 게다가 보살펴 주겠다는 지인까지 있으니 말이다.

그런데 아이는 그곳에서 파티에도 초대받아 가 보고, 주립대학교에 가서 교환 학생들 공부하고 노는 모습도 보고, 한 교수님 연구실에도 가 보더니 엄마와 함께 한국에 돌아가겠다고 한다. 무슨 생각에서였는지 정확히 알 수는 없지만 우리나라에서 공부하여 원하는 대학교에 진학한 다음에 그때 다시 유학을 생각해 보겠다는 것이다.

숱하게 많은 기러기 아빠들이 생겨나면서까지 자녀 교육에 열성인 부모들을 볼 때마다 우리 아이들의 뒷바라지를 못해 주는 것만 같아 속상할 때도 있었다. 나도 보란 듯이 유학도 보내고 아이가 가진 역량대로 활주하도록 마당을 펼쳐 주고 싶었다. 물론 그것이 자기 아이가 영재라고 생각하는 부모들처럼 자식의 역량을 제대로 가늠하지 못하는 나의 편견일 수도 있겠지만 그렇다 할지라도 달릴 수 있도록 여건을 마련해 준다면 더 넓게 더 멀리 달리지 않겠는가, 합리화까지 하면서 보내지 못함을 아쉬워해 왔다.

그런데 아이가 유학을 싫다고 한다. 우리나라에서 엄마아빠와 함께 살면서 할 만큼 하고 대학생이 되어 나오겠다는 것이다. 제 딴에는 심사숙고한 끝에 내린 결론임을 알 수 있었기에 나는 그러라며 아이를 격려하였다. 그런 아들을 바라보는데 든든한 마음을 감출 수 없었다.

아이는 미국에 다녀온 뒤 나름대로 여행에서 겪은 에피소드를 글로 써서 인터넷에 올렸다. 그 이야기가 조회 수 6만 건이 넘으면서 열띤 토론의 마당으로 펼쳐졌는데 문제는 '한국인의 정체성'에 관한 것이었다.

미국에서 파티에 초대받아 갔을 때 아이는 아이들끼리 어울릴 수 있도록 따로 방이 준비되었는데, 주인집 꼬마아이가 손님으로 간 아들에서 과자를 주더란다. 그것을 받고 '고마워'라고 인사를 했는데 꼬마아이의 반응이 영 못마땅해 하더란다. 그 후로 꼬마아이는 아들을 따라다니며 귀찮게 했다는데 원인을 알고 보니 '고마워'를 알아듣지 못했기 때문이다는 것이다. 결국 선물을 내밀었던 꼬마아이가 원했던 대답은 'Thanks'였고, '고마워'로 대답한 아들은 꼬마에게 무례하기 짝이 없는 손님이었던 것이다.

나중에 안 사실이지만 그 아이의 아빠는 아이들에게 한국어를 가르치지 않는다고 한다. 한국에서 태어난 큰아이에게조차 작은아이와 함께 있을 땐 한국어를 사용하지 못하도록 했다는 것이다. '고마워'를 못 알아들은 아이에게 무슨 잘못이 있을까마는 철저하게 영어만 사용하게 하는 부모가 이해되지 않는다.

미국인으로 자라는 한국인은 나중에 어떤 정체성을 갖게 될까. 아무리 미국시민권을 가졌다 하여도 그의 부모와 조부모 등 그 뿌리는 한국인이다. 그러므로 그는 한국인일 수밖에 없다. 한국인으로서 세계인이 되면 되는 것이다. 그런데 더러는 한국인이기를 부정하고 미국인으로서 세계인이 되길 원하는 사람들이 있어 안타깝다.

부모는 아이에게 선생이다. 교사는 지식을 전수해 주는 사람이고 선생은 정체성과 주체성을 비롯한 예의범절을 가르쳐 인격을 함양해 주는 사람이다. 오늘날 학교에는 선생은 별로 없고 교사만 가득하다. 수능위주의 치열한 경쟁이 학교의 선생들을 교사가 되게 했다. 그래서 가정에서 부모는 자녀들의 문제에 같이 고민하고 같이 아파하면서 지혜롭게 살아가도록 돕는 선생이 되어야만 한다.

그곳에서 들은 이야기는 가족이 함께 갔다면 몰라도 어린아이들만을 조기에 유학을 보낸 가정에는 많은 문제들이 발생한다고 한다. 기러기 아빠로 남은 부모는 부모대로 문제가 되고 아이는 또 아이대로 문제를 안고 있는 것이다. 어린 시절에 부모라는 선생에게서 배워야 할 것이 많은데 교사에게서만 배우기 때문에 발생하는 문제들이다. 그것은 작은 것들을 얻기 위해 큰 것을 잃는 어리석은 행동이다. 자식이 잘못되면 왜 그런지 알 수 없다고 한탄하는 부모들이 더러 있는데 콩 심은 데 콩 나고 팥 심은 데 팥 나는 법이다.

고양이가 '야옹'도 할 줄 모르면서 '멍멍'하면 바보지만 '야옹'도 할 줄 알면서 '멍멍'도 할 줄 알면 똑똑한 고양이라는 어느 사람의 댓글이 습기 가득한 무더운 여름에 불어오는 한줄기 시원한 바람 같아 보고 또 보았다.

2007. 1. 30.

Story 15

엄마를 키우는 아이들

엄마를 키우는 아이들

교학상장(教學相長)이라는 말이 있다.

아이들 앞에 서려면 선생은 공부해야 하고 연구해야 한다.

그러다 보면 배우는 학생만 자라는 게 아니라 가르치는 선생도 자라게 된다는 말이다.

　　　　　몇 해 전 문예창작학회 국제심포지움 참석차 터키 이스탄불에 다녀왔다. 그곳에서 학회 행사를 마치고 동부를 여행하게 되었는데 에페수스에 있는 성모 마리아의 집에 갔었다. 성모 마리아의 집은 예수가 십자가에 못 박히실 때 현장에 있었던 유일한 제자였던 사도 요한의 교회와 가까이 있었다. 사도요한은 예수가 십자가에 못 박히면서 자신의 어머니인 성모 마리아를 맡긴 사람이다. 빈혈로 몸은 형편없이 쇠약하여 여행을 할 수 없었는데도 불구하고 동행하는 분들에게 폐를 끼쳐 가면서까지 먼 여행을 하게 된 이유를 나는 성모 마리아의 집에서 비로소 찾아낼 수 있었다.

성모 마리아. 아들 예수가 십자가를 짊어지고 골고다의 언덕을 걸어가는 것을 지켜본 어머니. 아들이 십자가에 매달려 못 박혀 죽는 것을 지켜본 어머니. 그녀는 그 모든 것을 지켜보면서 아들 대신 나를 십자가에 매달라고 간청하지 않았고 아들 대신 나를 못 박으라고 애원하지도 않았다. 어머니라면 아들의 고통을 바라보는 것보다는 대신하는 것이 훨씬 행복하였으리라. 그러나 그럴 수 없었던 성모 마리아의 마음은 어떠했을까.

아들 예수는 의로운 길을 가기 위하여 기꺼이 자청한 길이었다. 스스로 피할 수 있음에도 그렇게 해야만 세상에 복음이 전파될 것을 알았기 때문에 기꺼이 걸어간 길이었다. 그러나 그런 아들의 길을, 아들의 고통을 바라보아야 했던 어머니 마리아의 마음은 어떠했을까. 아들이 떠난 후 남은 어머니의 삶은 어떠했을까. 아무리 성령으로 잉태하였다 할지라도 육신을 낳아 준 어머니는 어머니인데 말이다.

나는 어린 예수를 품에 안고 서 있는 마리아 앞에 서서 한없이 울었다. 내가 그분의 아픔을 느낀다는 것은 하늘을 채우고 있는 수많은 먼지의 입자 중 하나에 불과할 것이지만 그것밖에 안 되는 공감만으로도 내 가슴에서는 더운 눈물이 솟았다. 아이들을 키우고 있는 어머니로서의 나는 성모님을 생각하면 아무것도 힘들다 해서는 안 되는 것이었다. 그런데 얼마나 많은 엄살을 떨며 살아

왔던가. 모성과 사랑이라는 이름으로 포장된 나의 이기로 인하여 힘들어 하고 아파했던 날들이 얼마던가. 나는 성모님 앞에서 힘들다거나 어렵다고, 아프다고 엄살떨지 않겠다고 기도하면서 내 가슴을 채웠던 욕망들을 돌아보았고 모두 쏟아 버릴 수 있었다.

성모 마리아의 집을 나서면서 어떠한 일도 어려움이라 말하지 않으리라, 아픔이라 말하지 않으리라 다짐하였다. 그런데 그곳을 다녀온 지 3년이 지난 지금 나는 또다시 생활 속에서 뜻하지 않은 비바람이 불 때마다 비틀거리고 원망하며 때로는 눈물 속에 은밀한 배반을 꿈꾸며 살아왔고 살아간다.

그러나 그런 감정들이 아이들 앞에 서면 온순해지는 걸 느낀다. 뾰족뾰족 가시 돋히고 날 선 감정들은 엄마를 바라보는 아이들의 눈망울에 의하여 마모되는 것이다. 아이들 앞에 부끄럽지 않은 엄마가 되고 싶은 욕심만은 버릴 수 없음이다. 결국 아이들은 나를 깨달음의 길로 인도하고 사랑의 길로 인도하며 성숙의 길로 인도하는 것이다.

큰아이도 작은아이도 투정을 부리거나 떼를 쓴 기억이 별로 없다. 아마도 바쁜 엄마에 대한 아이들의 배려였던 것 같다. 그 점을 생각하면 엄마로서 아이들에게 가장 미안하다. 아이들은 그때그때의 나이에 맞게 떼도 쓰고 투정도 부리면서 자신의 욕구를 분출할 법도 한데 그러질 않았으니까.

그런 아이들이 이제는 떼쓰지 않을 나이만큼 자랐다. 큰아이는 대학생이 되더니 동생의 얼굴 관리에서 몸매 관리까지 신경 써 주기도 하고 옷 입는 것까지 코디해 주면서 동생에게 필요할 것들을 체크하였다가 나에게 주문하기도 한다. 그러면 나는 큰아이와 함께 작은아이의 필요한 것들을 사러 나간다. 두런두런 이야기를 나누면서 쇼핑을 하다가 나는 큰아이가 필요할 것 같은 물품을 집어 든다. 자라면서 무엇을 사 달라고 하는 일이 별로 없었던 아이들, 알아서 해 주지 않았던 엄마, 이제 딸이 자라서 챙겨 주니 어찌 고맙지 않을까.

이런저런 것들을 핑계로 엄마 노릇을 제대로 하지 못하는데도 불구하고 나는 아이들이 가르쳐 준 일상의 순리들을 통해서 아동문학에 접근한다. 아이들과 생활하면서 배운 것들을 통해서 사랑의 다양한 모습과 참사랑을 강의한다. 아이들을 통해 배운 것들을 토대로 아동에 대한 이해, 인간에 대한 이해를 도우며 강단에 서는 것이다.

학교 강단에 설 때는 강의실에 앉아 있는 대학생이 된 딸의 모습이 떠오르기도 하고 중고생 논술지도를 할 때는 또 그 앞에 앉아 있는 아들의 모습이 떠오르기도 하며 도서관에서 주부들의 글쓰기를 지도할 때는 공부하러 다니던 예전의 내 모습이 떠오르기도 한다.

어느 주말 기숙사에 있다가 집에 온 작은아이와 들길을 걸으면서 이야기를 나누었다. 사대부고 선생님께서 말하기를 전국에서 수재들이 모였는데 이 속에서 앞으로 어떤 마음가짐으로 공부할 것인지에 대해서 써 내라 하였다 한다. 나는 자못 궁금하여 아이의 반응을 살폈다.

아이는 그동안 위암을 이겨 내고 서른아홉 살에 대학에 들어가서 아르바이트로 학비를 충당하며 자기를 키운 엄마가 교수가 된 이야기와 사업 실패 후 구강암을 이겨 낸 아빠가 재기하려고 안간힘 쓰시는 이야기를 썼다고 한다. 그런 부모님의 노고에 비하면 자기가 공부하는 것은 아주 쉬운 일이어서 잘할 수 있다고 써 냈다는 것이다. 그러면서 덧붙이는 말이 엄마, 정말 잘하는 아이들만 모였어요. 그러나 염려 마세요. 아직 만족스럽진 못하지만 저 잘할 수 있어요, 하는 것이 아닌가.

그 순간 나는 투명했던 날씨가 비가 오는 듯 눈앞이 흐려져 제대로 걸을 수가 없었다. 아이에게 내 모습을 들키지 않으려고 눈을 깜박거리며 하늘을 쳐다보았다. 아이 앞에 펼쳐졌던 많은 어려움들이 스쳐 갔다. 그것을 견뎌 낸 아이의 모습에 내 가슴이 아파 왔다. 이제 신입생이어서 힘들 것이지만 그 아이도 믿고 나도 믿는다. 앞길에 어떤 일들이 다가오더라도 아이는 안주하거나 실망하지 않고 꾸준히 노력할 것이며 나 또한 그런 아이를 끊임없이 사랑하고 격려할 것을 말이다.

햇빛이 좋다고 늘 따뜻한 햇볕만 내리쬔다면 세상 만물들은 어찌 될까. 가뭄으로 땅은 갈라질 것이며 그 땅에 뿌리내리고 자랄 수 있는 생명은 사라질 것이다. 그러나 햇빛 속에 가끔씩 비가 내린다면 땅은 기름질 것이다. 햇빛과 비바람과 폭풍우를 골고루 견뎌 낸 땅이야말로 수많은 생명을 잉태할 수 있다.

우리 아이들의 앞길에도 따뜻한 햇볕이 내리쬐는가 하면 비도 내릴 것이고 바람도 불 것이다. 때로는 한파가 있을지도 모른다. 그러나 나는 기도하면서 바라볼 것이다. 우리 아이들이 어떻게 견뎌 내는가를. 글로벌 시대에 경쟁해야 할 대상이 많아서 더러 휘청거릴 때도 있겠지만 아이들은 행복을 향해 바로 설 것이라 믿는다. 아픔 없이 어찌 행복을 행복인 줄 알 수 있으랴.

이제 되돌아보니 고맙지 않은 것이 없다. 특히 아이들은 내게 많은 것들을 깨닫게 함으로써 나를 성장시켰으니 어찌 고맙지 않을까. 물론 미흡한 점도 숱하게 많아서 누군가 우리 아이들에게 너희 엄마는 어떤 엄마냐고 묻는다면 어떤 대답이 나올지 엄마로서 자신은 없다. 그러나 나에게 우리 아이들이 어떤 아이들이냐고 묻는다면 나는 자신 있게 대답할 수 있다, 엄마를 키우은 아이들이라고.

두 해 전 충청남도 교육청에서 학부모로서 아이들을 어떻게 가르쳤는가 사례를 발표해 달라고 하여 나갔었다. 공주 문예회관에서 있었는데 충남의 중고등학교 문학 선생님들 500여 명이 모인 자리였다. 나는 거기에서 내가 아이들을 키운 이야기를 하였다. 결국 아이들이 나를 어떻게 가르쳤는가를 발표한 셈이지만 말이다.

서산의 서부 평생학습관에서도 주부들을 상대로 자녀들의 독서지도법에 대한 강연을 부탁해 왔다. 2회에 걸쳐 나는 200여 명의 주부들 앞에서 어머니의 영향에 대하여, 아이들의 힘에 대하여 강연을 하였다. 그것은 동화작가로서 논술교사로서 한 것이지 그날의 강의 내용처럼 내가 온전히 그렇게 키웠는가 하는 질문에 맞닥뜨리면 나는 고개를 숙여야만 한다.

나는 아이들을 키우면서 어른께 겸손하라고 요구하였다. 선생님이나 어른께 자기를 낮춰 예의를 갖추라고 하였다. 그러지 않으면 버릇없다고 야단도 치고 왜 그래야 하는지 납득시키기 위해 노력도 하였다. 그것이 아이를 잘 키우는 것이라고 믿었다. 불학례 무이립이라는 공자님의 말씀처럼 예를 갖추지 않으면 설 수 없다고 생각했던 것이다. 물론 맞는 말이다.

그런데 이제 생각해 보면 그것이 내 경우에 독선이었음을 느낀다. 왜냐하면 예의는 상대를 편안하게 해 주는 것으로써 일방적인 것이 아니기 때문이다. 그런데 나는 아이들에게 예의를 가르치면서 무례하였다. 예의를 가르치려면 방법에서도 예의가 있어야 했다. 그런데 나는 매사에 아이에게 예의를 갖추라고 요구만 하였다. 사회적으로 약자인 아이들은 엄마에게 대항하지 못하였다. 대항한다는 것은 곧 예의없음으로 치부되었기 때문이다. 아이를 잘 키운답시고 한 나의 행동들이 아이들 앞에 무례하기 짝이 없었던 것인데 그것을 아이들이 다 커 버린 지금에야 알게 되었다.

교학상장(敎學相長)이라는 말이 있다. 아이들 앞에 서려면 선생은 공부해야 하고 연구해야 한다. 그러다 보면 배우는 학생만 자라는 게 아니라 가르치는 선생도 자라게 된다는 말이다. 결국 가르치는 사람이나 배우는 사람이나 함께 성장하는 것인데 이것은 부모와 자식의 경우에도 해당될 것이다.

부모도 자식을 낳고 그 자식을 키우려면 공부해야 한다. 자식이 커 가는데 어찌 부모가 안주할 수 있겠는가. 부모도 자식과 보조를 맞춰 주어야 하는 것이다. 가르치는 방법이야 여러 가지가 있겠지만 말로만 가르치는 주입식만으로는 안 된다. 학교뿐만이 아니라 가정에서도 마찬가지이다. 아이들은 영악하여서 보고 듣고 체험할 수 있는, 살아 있는 교육이어야 따른다. 그래서 부모가 먼저 보여 주어야만 한다.

부모는 자식에게 선생이기 때문이다. 그동안 우리는 '아이를 이렇게 키웠습니다' 라는 말을 많이 해 왔다. 이제는 아이들로 인하여 '부모가 이렇게 컸습니다' 라는 말이 필요할 때인 것 같다.

아이들은 순수하고 훌륭하며 그들이 가지고 있는 가능성은 헤아릴 수 없이 무한하다. 우리는 그걸 볼 수 있어야 하고 그 순수와 가능성 앞에 겸손해야 한다. 물론 그 말은 행한 사람만이 할 수 있는 것이어서 나도 자격은 없다. 그러나 이제라도 참회하는 마음으로 말하고 싶다.

그런데 인간은 망각의 동물이다. 그래서 생활 속에서 깨달은 것들을 잊는다. 그러나 또 읽고 생각하려고 노력한다. 그런 다음 깨닫고 또 잊고 깨닫고…… 잊고…… 현실에 부딪혀 마음대로 되지 않는다고 힘들어하고 아파하기도 한다. 물론 아픈 다음에 깨달음이 찾아와 기뻐하기도 한다. 아프지 않고 깨달을 수 있다면 좋지만 그건 힘든 것 같다.

그런 것의 반복이 삶인 모양이다. 죽을 때까지 공부해야 한다는 말은 인간이 망각의 동물이어서 그럴 것이다. 그래서 나는 오늘 깨달은 것을 오늘 잊는다 하여도 깨어 있는 한 공부하고 사랑하자고 주술을 건다. 아이들 앞에서 낮아지자고 주술을 건다.

이제 여기쯤 와서 되돌아보니 모든 것들이 감사하지 않은 게 없다. 수술이 잘되면 5년 산다고 했는데 벌써 20년 가까이 살았다. 나에게 이런 생이 있다는 것도 횡재한 것인데 늘 가르치고 배울 수 있는 아이들이 있다는 것은 더더욱 횡재한 일이다. 게다가 나는 아이들로 하여금 엄마라는 이름부터 시작하여 여러 가지의 다양한 이름을 가질 수 있었으니 살아 있음이 어찌 횡재가 아니 겠는가.

성공은 행복을 보장하지 않지만 행복은 성공을 보장해 준다. 나는 아이들을 성공을 위해 노력하는 사람이 아니라 행복을 위해 노력하는 사람으로 키우려고 했다. 성공을 위해 살아간다면 힘들 고 지쳐 쓰러지기 쉽지만 행복을 위해 살아간다면 노력은 하되 경쟁에 휘둘리지 않고 지치지 않으며 자기다움을 갖출 수 있기 때문이다. 그러다 보니 내가 행복하였고 내가 경쟁력을 갖게 되 었으며 나다움을 갖출 수 있었다.

삶이 힘들다고 생각될 때나, 욕망으로 허덕일 때 나는 성모님 앞에 섰던 날을 기억한다. 내 아이를 조금만 더 키울 수 있게 해 달라고 매달리던 날들도 떠올린다. 그리고 최대한 아이들의 순수 와 가능성을 존중하면서 그들이 다치지 않도록 아프지 않도록 지 켜 주는 어머니가 되기 위하여 노력한다. 때로는 비틀거릴지라도 그 노력은 계속될 것이다.